■ 高校学生事务管理丛书

岭南高校学生事务管理精品项目

广东省高等学校思想政治教育研究会学生工作专业委员会 编

· 广州 ·

版权所有　翻印必究

图书在版编目（CIP）数据

岭南高校学生事务管理精品项目/广东省高等学校思想政治教育研究会学生工作专业委员会编．—广州：中山大学出版社，2015.7

（高校学生事务管理丛书）

ISBN 978-7-306-05278-0

Ⅰ. ①岭…　Ⅱ. ①广…　Ⅲ. ①高等学校—学生工作—研究—广东省　Ⅳ. ①G645.5

中国版本图书馆 CIP 数据核字（2015）第 124308 号

出版人：	徐　劲
策划编辑：	赵　婷
责任编辑：	赵　婷
封面设计：	曾　斌
责任校对：	王　璞
责任技编：	何雅涛
出版发行：	中山大学出版社
电　　话：	编辑部 020-84111996，84113349，84111997，84110779
	发行部 020-84111998，84111981，84111160
地　　址：	广州市新港西路 135 号
邮　　编：	510275　　传　真：020-84036565
网　　址：	http://www.zsup.com.cn　　E-mail:zdcbs@mail.sysu.edu.cn
印 刷 者：	广东省农垦总局印刷厂
规　　格：	787mm×1092mm　1/16　11.25 印张　215 千字
版次印次：	2015 年 7 月第 1 版　2015 年 7 月第 1 次印刷
定　　价：	30.00 元

如发现本书因印装质量影响阅读，请与出版社发行部联系调换

编 委 会

顾　　问：颜光美
主　　任：漆小萍
副 主 任：江存余
成　　员：袁本新　漆小萍　冯小宁　区向丽　邱亚洪　叶　清
　　　　　胡庭胜　李靖茂　谢应东　张　超　喻　洪　胡卫标
　　　　　饶东方　许主欣　谢海均　贺志姣　李国岳　许　皓
　　　　　严　薇　唐　左　邓　惠　赵锦权　江存余
执行编委：黄　娜　漆小萍　茹春平　周　昀

感谢广东省教育厅思想政治教育处对广东省高校学生工作专业委员会的大力支持

序言：不忘初心，携手前行

在高校从事学生事务管理的这些年，接触到很多学生，耳闻目睹了很多学生的大学成长故事，听到和真切感受到了很多大学生的困惑、迷茫、冲突、压力和纠结。而这种种，有来自价值理念的、学业的、现实压力的、人际情感的、职业规划的、自我认知的等等，这些问题无疑都是发展性的，但归根结底，聚焦的大多是成长的烦恼和个人发展的问题，可见青年是渴望成长与发展的。发展是人类永恒的追求。心理学家研究表明，大学阶段是掌握专业知识、技能和个人自我发展的重要时期，也是价值观形成和人格完善的关键阶段，可以说大学时代对人一生发展的影响起着决定性的力量。"青年兴则国家兴，青年强则国家强。"蔡元培先生曾说过："欲知明日之社会，先看今天之校园。"大学生的思想政治状况、道德品质、科学文化素质和健康素质如何，不仅直接关系中华民族的素质，还更直接地关系到党和国家的前途命运。大学是智慧的殿堂，是青年探求知识、追求真理的地方；大学是精神的家园，是青年不断丰富头脑、提高素质的地方；大学更是青年成才、成就未来的摇篮。大学的教育、管理和服务，如何为学生传道授业解惑促发展，如何"使人成为人"，如何实现如马克思所设想的"人全面而自由的发展"，使人的个体特质和潜能都得到全面、充分而自由的发展，如何实现学生个人劳动能力（智力和体力）、才能和品质、人的社会关系以及个人和社会的协调发展，如何让学生在大学里丰富经历和体验，发掘潜能，看到自己未来发展的更多可能。这不仅需要依靠第一课堂的学术活动（教学），更需要依托第二课堂宽阔的舞台，让学生得到锻炼和提升。而这些对学生非学术性活动和课外活动的组织指导和管理，便是高校学生事务管理的内涵，社会实践、校园文化、心理健康、党团建设、班级建设、宿舍文化和管理、奖惩与资助、危机干预及就业工作等等，都是学生事务管理大可作为之域。

高校学生事务管理的设计和开展往往以教育管理任务为导向，解决实际问题为重点，满足学生成长需求为目标。随着时代的发展、社会的进步、形势的变化，学生的思想更为复杂多元，需求更为个性广泛，学生事务管理面临更大的挑战和机遇。高校学生事务管理如何与时俱进，实现转型升级，向专业化、科学化、精细化发展，是摆在高校学生事务管理者面前的重要课题。

今年寒假，我有幸提前看到入选广东省2014年学生事务管理精品项目的

21个项目的书稿，细细品悟，受益匪浅。入选的精品活动策划精良完善，组织周到全面，辅以学生喜闻乐见的形式，持之以恒地开展，满足了学生的需求，解决了现实中的实际问题，取得了较好的成效。这些项目经过实践和时间的考验沉淀下来，都很好地体现了创新性、实效性、可行性和示范性，是值得推广和借鉴的精品之作。

读着这些文字，一个个项目的场景仿佛近在咫尺。我相信，在一个个精品项目背后凝聚着众多高校学生事务者的爱和智慧、付出和坚持，每一个项目成功开展的背后无不凸显着高校学生事务者的责任感、创新力和迎难而上的执行力，这些项目的成功经验能汇编成册，既是对学生事务团队智慧和成果的一个肯定和记录，也是高校学生事务者之间难得的工作分享和交流，希望借此集众人所长，共同助益学生成长，共同推动学生事务管理的进步。

不忘初心，方得始终。助益成长，我们携手前行，让我们不懈努力，共同助力学生人生之路走得更好、更远……

中山大学哲学系党总支副书记　王燕芳
2015年3月于康乐园锡昌堂

目　录

职业发展训练营	中山大学	1
领跑者	华南理工大学	9
"扬帆暨南"新生训练营	暨南大学	18
青春社区行	华南农业大学	26
"职能体验"培养	南方医科大学	34
知行书院	广州中医药大学	44
紫荆培英工程	华南师范大学	53
"知·行"计划	广东工业大学	61
舍友伴我行	广州大学	68
旅游精品前线	广东轻工职业技术学院	77
创业源	广东食品药品职业学院	87
益力青春	汕尾职业技术学院	94
"五位一体"心灵导航	清远职业技术学院	101
励志助学"3+N"	民办南华工商学院	108
博雅文训	广东岭南职业技术学院	116
快乐成长	北京师范大学珠海分校	123
普法点线面	电子科技大学中山学院	129
口语直通车	广州商学院	141
志愿盟	中山大学南方学院	149
平安使者	广州大学华软软件学院	156
逐梦千乡万村	广东环境保护工程职业学院	163
后记		171

职业发展训练营

一、引言

近几年来，大学生就业问题成为政府、高校、社会普遍关注的热点话题之一，大学生就业难表现出结构性失业和选择性失业并存的特征，不能简单地归结于高校扩招。应对就业困难的严峻挑战，从高等学校的角度分析，不仅要注意调整学科专业结构以适应市场和社会需求，还要切实加强大学生职业发展与就业指导课课程建设，以增强学生择业就业的针对性和实效性。党的"十八大"报告在关于深化教育领域综合改革的要求中指出，要全面实施素质教育，着力提高教育质量，培养学生的创新精神。但一直以来，高校重理论教育和知识传授，人才培养方案与社会人才需求未能同步接轨，人才供需结构明显失调，导致大学生就业存在结构性矛盾。

相对于基础学科而言，商学院培养的是高素质经济管理复合型人才，更侧重于培养学生的实践应用能力。毕业生在就业时所从事的职业通常与专业的相关度较高，所从事的行业相对集中在银行、保险、证券、会计师事务所等财富管理行业，就业与行业密切接轨，这需要学生对相关的行业有一定的了解和认知。

中山大学国际商学院（以下简称"商学院"）从建院开始就采用一级学科招生、二级学科培养的模式进行教学改革，学生在一、二年级学习公共基础课和专业基础课，二年级后期在本院内重新选择专业（共分为经济学、金融学、国际经济与贸易、财政学、工商管理、会计学、市场营销、物流管理八个专业方向），再深入学习各专业的必修课等课程。为了帮助学生进一步明确未来的发展方向，从而进行二次专业选择，商学院于 2010 年开展职业发展训练营，开设指导学生职业规划与个人发展的课程，大力推动经管类专业职业规划教学改革，强化实践体验教学环节，加强对学生职业发展能力的培养，让学生在训练营中深入了解经管类各行业发展情况、制定个人发展计划、提高领导力及其他综合素质，深受广大学生的好评。

二、项目名称

职业发展训练营。

三、项目理念

专业和行业认知是提高大学生职业发展和职业规划教育工作实效性的重要途径。职业发展训练营结合商学院应用性学科的特点，旨在帮助学生在更好地认知经管类专业和银行、证券、基金、会计师事务所等财富管理行业的基础上，明确未来的发展方向，找准自身的定位，构建"专业性—行业—就业"三位一体的大学生职业生涯规划与就业指导体系。通过课程教学，让学生清晰了解自身角色特性，了解专业和行业，为学生进行专业选择和职业决策提供更多的参考信息，同时帮助学生提升未来必备的职业技能；通过课外实践，对学生的综合能力进行全面升级；通过小组作业、分享、比赛等形式，在提高学生商业应用能力的同时，提高学生的信息搜索与管理技能、人际交往能力、沟通技能、团队合作能力和领导力。

四、项目运作

（一）项目主体

中山大学国际商学院职业发展中心。

（二）项目对象

二年级本科生。

（三）项目时空

2010 年，中山大学国际商学院开始深入开展职业发展训练营活动。作为学生职业发展类品牌活动之一，至今已成功举办了五期，每期活动贯穿一个学期。

（四）项目内容

职业发展训练营项目模块及内容如表 1 所示。

表 1　职业发展训练营模块及内容一览表

模　块	内　容	教 学 方 法	课时	负责人
开班仪式	开班仪式及院长讲座	主题演讲	3	职业发展中心主任

续上表

模 块	内 容	教 学 方 法	课时	负责人
模块一 职场初探	职业认知	课堂讲授	10	职业发展中心主任
	专业介绍	课堂讲授	3	各班班导师
模块二 职业技能培训	办公软件应用	课堂讲授和小组演示	3	专业人士
	行政公文写作	课堂讲授、实例演示和个人作业	3	专业人士
	商业计划书写作（或营销策划书）	课堂讲授、实例演示和小组作业	6	专业人士
	口头表达技巧	课堂讲授和实例演示	3	专业人士
	基本礼仪	课堂讲授和实例演示	3	专业人士
模块三 团队训练与个人展示	商业计划书（营销策划书）竞赛	小组作业、比赛	6	各班班导师
	行业认知竞赛	小组作业、班级初赛、年级复赛	6	各班班导师
	个人发展计划	个人作业、小组分享、老师点评	3	各班班导师
总结礼	总结与表彰	颁奖	3	党委书记、副书记

1. 课堂教学模块

（1）职业认知。项目邀请来自银行、证券、基金、会计师事务所等不同行业，以及外企、国企、民企、政府机关、高校等不同类型单位的业界人士担任兼职导师，讲授自己的职业特点、行业的发展趋势、从事这个行业需要的个人素质以及职业发展路径，让学生们提前了解职场需求，更好地规划自我的发展。

项目还邀请高年级学长以及研究生担任朋辈导师，分享保研、考研、申请国（境）外高校的要求、条件和程序等，为准备继续深造的学生提供更多的信息参考。

（2）专业介绍。为帮助同学们更好地进行专业选择，项目邀请相关专业的教师、已毕业的校友进行专业介绍，内容涵盖本专业学习的专业课程介绍、学科发展的现状、升学或就业的情况等。同学们在学习了一年的公共基础课和专业基础课后,再了解这些信息,就可以结合个人兴趣、特长、志向和社会需求,作出更为理性的思考和选择。

2. 职业技能培训

为提升同学们未来必备的职业技能,同时为他们在三年级开展专业实习提供技能储备,项目还开设了职业技能培训的内容,包括办公软件应用、行政公文写作、商业计划书(或营销计划书)撰写、口头表达技巧、基本礼仪等,帮助同学们向"职场人"的转变做好准备。

职业技能培训的内容如表2所示。

表2 职业技能培训内容

序号	讲 座 内 容
1	考研与保研经验访谈
2	银行业发展和银行从业人员的能力素质要求
3	证券、基金行业从业人员能力素质要求
4	专业与就业
5	商务礼仪和演讲
6	银行业的人才需求与个人职业规划
7	国内求职与海外升学的成本收益分析
8	四大银行的职业发展路径和从业人员能力素质要求
9	Excel实用技巧提升
10	认知自我,职业无界

3. 课外实践模块

通过分组等形式组织学生开展课外小组作业、展示、比赛等团队活动,提高学生的人际交往能力、沟通技能、团队合作能力和领导力,同时帮助学员加深对课堂学习内容的理解,巩固学习效果。

(1)"商业计划书"竞赛。学员们组成团队,寻找商业项目,在专业教师的指导下制作商业计划书或营销策划书。先以班级为单位进行初赛,最后每个班级选取两队进行决赛。

(2)行业认知竞赛。将学员们按6~8人分为一组,分别对银行、证券公司、基金公司、会计师事务所等进行调研,并撰写行业认知报告,在班级进行初赛后在全年级进行演示和比赛。

(3)撰写"个人发展计划"。通过引导学生深入了解自我性格、潜能和未来职业特征、经济社会环境以及社会需求，理解个人的成功取决于哪些关键因素，树立积极的职业态度和就业观念，从而对未来的职业发展进行更为深入的思考和精准定位，并在此基础上制定"个人发展计划"，树立职业发展目标，进行更为科学的职业发展决策。

（五）项目程序

1. 项目策划

通过对上期训练营项目的效果调研和反馈，商学院职业发展中心精心策划当期项目内容，确定授课导师、讲授主题和时间安排。同时组建小班及分组，在学生中广泛宣传发动。通过商学院职业拓展协会的微博和微信平台进行往期项目内容的介绍，帮助学员更好地了解该项目，充分营造学习氛围。

2. 项目实施

（1）开营仪式。开营仪式通过对项目内容的系统介绍和上期项目精彩视频的回放，大力倡导学生参加职业发展训练活动，激发学生的学习兴趣，使商学院职业发展教育更具凝聚力和影响力。在开营仪式上还会邀请学院院长担任主讲嘉宾，讲授"院长第一课"，通过院长对职业发展教育的认识、优秀校友的介绍及其对自身成长经历的讲述，帮助学生更加清晰地认识到职业规划的重要性。

（2）项目过程。按每周一次课堂讲授的进度进行教学安排，穿插课外竞赛和个人展示的内容，同时对学员们进行出勤记录和课程考核。

（3）结营典礼。对训练营表现突出的个人与团队进行总结表彰，邀请商学院党委书记为训练营进行总结发言，同时为获奖者颁奖并合影留念。

3. 后期宣传

训练营结束后，商学院职业拓展协会在微信和微博平台上继续关注活动话题，同时制作活动视频和光盘，并将每期讲座和个人展示的视频上传到网络平台，作为商学院职业发展教育的网络课程素材，供更多的学生学习和观摩。

（六）项目支持

1. 学院领导高度重视

商学院领导亲自倡导开展本项目，院长为训练营开班发表主题演讲，党委书记出席结业典礼并为获奖学生颁奖。商学院把职业发展教育作为学生工作的重点来抓，保证了训练营各项活动的顺利开展。

2. 职业发展中心的精心设计

职业发展训练营由商学院职业发展中心团队创立和指导，目的是通过训练营锻炼来实现学生专业能力、综合能力和职业能力的全面提升,形成良好的发展势头,促进学生职业行为的养成,最终达到学生"自我规划,自我发展,自我服务"的目的。为保证职业发展训练营的训练质量,商学院职业发展中心团队对训练营的组织机构、运行规则、训练内容进行了精心的设计,为学生提供专业相关最前沿的行业知识及最具针对性的指导。

3. 院级专项经费支持

商学院对训练营投入了大量人力物力,为训练营组织和开展各种丰富多彩的活动和日常运作提供了物质保证。商学院为训练营设立了专项经费,用于购买书籍、教学材料、开展活动和邀请校外嘉宾,建立了训练营运作经费保障机制。

4. 社会力量、校友、学生社团的大力支持

社会力量如各行业职场精英人士及商学院校友对职业发展训练营的支持,是职业发展训练营运行和发展壮大的关键性因素;同时,职业发展训练营的活动离不开商学院职业拓展协会这个学生社团的支持。这些团队是项目成功实施的重要保障。

五、项目特色

(一)小班课程深入交流与大课讲座相结合

训练营把学员们分为六个班级,小班上课有利于学生和老师的沟通以及同学间的相互学习,同时可以进行相互间的竞争,激发学生的学习兴趣。

(二)课堂讲授、小组作业和竞赛相结合

训练营的项目分为课堂模块和课外模块,以课程的形式设计活动内容,充分发挥学生的能动性,强调学生的自身体验,让学生将课堂所学知识进行应用,所学知识与社会需求密切接轨。

(三)培训师资来源多样化

训练营充分整合各类资源,建立了讲师信息库,包括校内导师与校外导师、校友导师与朋辈导师,特别是聘请相关行业的专业人士和高级职业经理人担任兼职职业发展导师,使项目的内容更加丰富并贴近实际。

(四)建立健全的管理和激励机制

商学院把训练营课程设置为专业必修课,对训练营系列活动实行规范化管

理。在每次课堂讲授结束后发放《课程评价和反馈表》，组织学员对讲授的效果进行评价和建议。同时，为了调动学生们的积极性，商学院出台了一系列激励措施，包括课程分数考核、评选个人发展计划展示大赛优胜奖和职业认知大赛优胜奖，并在结营典礼上进行颁奖。

（五）制定完善的考评系统

训练营课程的成绩满分为100分，计分方式如下：出勤及课堂表现，满分30分，每位同学必须参加不少于7场，不足7场的同学，每缺席一场扣2分；团队竞赛及个人作业，满分70分，需要提交个人发展计划、讲座报告、职业认知竞赛小组展示等成果。

（六）实行班导师制

商学院为训练营各班配备职业发展导师，让学生零距离与老师沟通交流，便于管理和服务同学，并及时给予学生指导。

六、项目效果

自2010年起，商学院正式创建职业发展训练营，作为商学院职业发展教育品牌活动之一。通过不断完善和发展，到目前为止，先后有约1400名学生参加了训练营。通过在训练营的学习和锻炼，学生的表达能力、职业素养、综合素质均得到了明显的提升，主要的成效体现为以下几点。

（一）形成品牌，学生参与面和覆盖面广

职业发展训练营项目为商学院独具特色的活动，商学院全体学生在大二时均会参与到训练营所举办的各类活动中来，活动参与度和覆盖面达到100%。职业发展训练营经过五年的发展建设，已经成为学生职业发展工作的品牌活动；同时，因活动内容与商学院学生专业及就业发展紧密结合，该项目成为中山大学独一无二的、与专业教学紧密结合的平台。

（二）学以致用，商学院学生在专业相关竞赛中成绩优异

职业发展训练营所举办的行业知识竞赛及邀请到各行业职场精英人士介绍最前沿的行业知识，让商学院学生深入地了解到了专业相关行业的发展及相关专业知识的应用。他们通过老师指导、自主学习、团队协作等方式，运用理论知识分析解决实际案例，获得累累硕果，在学校、省级、国家级各类比赛中均有所斩获，从而大大提升了专业技能和综合素质。

（三）提高人才培养质量，学生就业竞争力强

目前，职业发展训练营的教育活动取得了阶段性的成果，商学院学生的职业规划意识得到加强，学生的专业素质同步发展，学生的综合能力得到用人单位的充分肯定和好评。训练营促进学生将专业学习和社会需求进行有效结合，提高了毕业生的就业竞争力，拓宽了毕业生就业和深造的道路。近年来，商学院学生的就业率一直保持在全校前列，就业质量也不断得到提升。

作者：吴长征、刘如晓、蒋娇
单位：中山大学国际商学院

参考文献

[1] 李会先，李松林. "大学生职业发展与就业指导"课程探析 [J]. 教育与职业，2011（30）．

[2] 梁梅. 大学生职业发展与就业指导课程教学实施探析 [J]. 高教论坛，2009（16）．

[3] 罗群，曹丽，左小云. 大学生职业发展与就业指导课课程建设构想 [J]. 中国大学生就业，2008（13）．

[4] 林瑞青. 论高等院校职业发展与就业指导的课程建设 [J]. 教育与教学研究，2009（5）．

[5] 李月云，王德玉. 试论大学生职业发展与就业指导课程实践教学体系的构建 [J]. 宿州学院学报，2013（1）．

领 跑 者

"领跑者"标杆工程培育计划引导每个集体和个人争做"有思想的行动者"。2009年11月，华南理工大学机械与汽车工程学院（以下简称"学院"）正式启动"领跑者"——标杆工程培育计划，通过"树立目标，指引大家奔跑"，系统培育先进集体和个人，在评比先进、选拔标杆的目标下，重引领、重过程、重培育、重传承，引导学生参加健康的主题教育活动，通过前期组织申报、树立目标，中期筛选、过程培育，后期总结、标杆遴选等环节，促进学生们相互交流，比拼赶超，鼓励人人争先进、处处做标杆，形成良好氛围，从而有效推进班风学风建设。

项目以班级、党支部和宿舍为抓手，通过集体凝聚力建设，增强学生对所在集体的认同感、归属感、荣誉感和幸福感，形成积极向上的先进氛围。让每个同学都受其正能量的影响而日益追求进步，同时也激励学生个人以更大的决心和信念投身于精彩的大学生活中，争做标杆，成就卓越。经过六年的积累和建设，学院涌现出一批卓越的学生工作成果、先进的集体标杆和优秀的学生榜样。例如，学院创新设计的"心晴工作室"学生工作荣获教育部2013年高校辅导员工作精品项目，心理健康教育精品活动荣获2014年广东省高校校园文化建设优秀成果三等奖，学院学生工作团队被推荐评选"2014年广东省高校学生工作优秀团队"；学院连续两年获得"全校就业指导与服务先进集体"，"领跑者"培育的各类集体和个人在华南理工大学七大类标杆工程评比中共取得了25项标杆荣誉，居全校第一；此外，2名学生获得广东省"优秀共青团员"称号，2009级机械工程及自动化（1）班和2011级车辆工程（3）班的主题班团活动分别获得广东省"优秀团日活动"和团中央书记处书记傅振邦的高度肯定，2009级机械类创新班学生魏骏杨作为中国参加第41届世界技能大赛CAD机械设计项目的唯一代表，荣获团体二等奖和单项优胜奖，受到李源潮、汪洋等领导人的亲切接见。

一、项目名称

领跑者。

二、项目理念

"领跑者"是机械与汽车工程学院认真贯彻党的"十八大"报告"立德树人"的教育方针,坚持"育人为本、德育为先"的教育理念,以"重立志、善学习、勤反省、常践行"的人才培养理念为指导,结合学院发展实际情况和学生个体的发展规律,着力打造的标杆工程培育计划。该计划旨在从人文关怀、生涯辅导、科技创新、就业服务等维度,树立"领跑者"的标杆形象,鼓励全体学生向标杆学习,不断发现问题、改善自我、追求卓越。同时,通过思想引领、方法指导和实践锻炼等方式,引导学生树立正确的价值观,掌握科学的学习方法,提高自身的创新意识和能力,形成完善的人格结构,把仰望星空与脚踏实地结合起来,做一个"有思想的行动者"。

三、项目运作

(一)项目主体

华南理工大学机械与汽车工程学院学生工作团队。

(二)项目对象

机械与汽车工程学院全体本科生。

(三)项目时空

自 2009 年 11 月开始,"领跑者"培育计划至今已走过六个年头,从每年 4 月至次年 4 月,每轮培育计划周期为一年,面向学院 60 余个行政班级、10 余个本科生党支部、600 余间学生宿舍的近 3000 名本科生,鼓励全员全方位参与培育。每轮项目启动时,入选集体和个人被列为培育对象,学院通过开展思想文化、文体竞技、科技创新、生涯规划等多个维度的培育活动,引领各类集体和学生个人向着目标奔跑,时刻给自己鼓劲;通过中期考核实行督促、改进和学院竞争筛选后,由学院团委和辅导员继续深入指导,沟通思想,最终评选出学院级 5 个先进班集体、5 个先进党支部、5 间文明宿舍和 5 名先进个人,予以总结表彰、宣传和经验分享,并向华南理工大学七大类标杆工程推送标杆集体和个人的候选者。

(四)项目内容

"领跑者"以时间发展为主线,根据学生成长规律,针对不同年级本科生，辅以不同的主题活动。主要分为以下四个板块：赢在起跑线、助跑职业路、伴跑科技梦、圆梦人生路。

1. **赢在起跑线**

（1）领跑视野。大一是最好的育苗时期，为帮助新生实现中学到大学的华丽转身，迅速适应人生的新环境、新平台，学院打造了"赢在起跑线——彩色跑"之"红色激情、橙色个性、黄色活力、绿色军训、青色成长、蓝色风暴、紫色沉思"系列活动，帮助新生尽快融入大学生活。活动包括新生开学典礼、入学教育、班级和个人风采大赛、辩论赛、篮球赛、新生适应心理辅导、新老生交流会等。

（2）实施过程。"赢在起跑线"系列活动具有清晰的总体过程设计和立体的实施层次（个人，班级，学院）。在新生入学伊始，通过新生集体入学教育，将大学生活的意义、学校学院对新生的要求和资源，以及在大一必须完成的目标，都清晰明确地传达给所有新生。接下来，通过新生班级风采大赛、班际辩论赛、篮球赛等活动，帮助每个新生班级尽快凝聚成一个整体，培养学生的集体荣誉感和认同感。而新老生交流会等活动则打通了各年级之间的联系渠道，帮助新生迅速融入机械与汽车工程学院大家庭。

2. **助跑职业路**

（1）领跑视野。大二是大学阶段的关键转折点。有的同学已经树立了自己的人生理想与奋斗方向，并朝着这一方向一路披荆斩棘；有的同学却还在迷茫，不知未来的方向在哪里。因此，在这一节点上，懂得科学安排、合理规划大学时光，做好生涯规划，才能"拨云见日、直挂云帆"。"助跑职业路"系列活动是针对大二迷茫期的专项辅导，包括"助跑职涯"和心理辅导两个方面，其目的就是在大二这一四年长跑中的弯道赛中，不让一位学生掉队。

（2）实施过程。职业生涯规划帮助学生找准自身定位，认清自身的兴趣和优势所在，树立明确的职业目标，避免学习的盲目性与被动性。但青春的迷茫与困惑总是在所难免，处理不好极有可能荒废学业、荒废青春甚至带来各种心理疾病。因此学院一直非常重视学生的心理健康教育，搭建了"心晴工作室"这一平台。经过近两年的精心运作，"心晴工作室"荣获国家辅导员精品项目立项，心理健康主题教育活动获得了广东省校园文化优秀成果三等奖。

3. **伴跑科技梦**

（1）领跑视野。经过大一、大二的充电、储备和积淀，学生的知识结构更加完备，创新能力也得到提升，同时，也有了更高的诉求。学院从专业特色出发，充分尊重学生兴趣，以"创新"为核心，以"理论与实际结合"为活动理念，打造了科技文化节系列活动，包括汽车文化节、机械结构设计大赛等，通过一系列竞赛，选拔出一批优秀的科技文化领跑者，让他们成为全院同学学习的标杆与典型。

（2）实施过程。汽车文化节是科技文化节的重要子活动，举办时间是每年9月份到11月份。文化节持续时间长，活动数量多，活动规模大，既培养了学生的专业能力，又激发了想象力，提供了一个让同学们把创意付诸实践的平台。文化节的一系列活动，选拔出了众多在科技与文化方面取得突出成绩的个人与集体，这些领跑者将追求卓越、勇攀高峰的精神传遍学院的每一个角落。

4. 圆梦人生路

（1）领跑视野。大四是每位学子重要的人生关口与转折点。学院将就业指导工作放在突出重要的位置，落实"一把手"工程，成立以学院党政一把手为负责人的就业工作领导小组。在整个毕业季中，学院积极组织"后起职秀，求职训练营"、"就好业，看我的"、"职场初体验，我的第一天"等丰富多彩的就业知识讲座、求职能力比赛和就业经验分享会，做到了周周有活动，力求覆盖每一位毕业生。

（2）实施过程。从每年9月的毕业生就业大会到接下来丰富多彩的名企交流会、现场招聘会，学院的"圆梦人生路"系列活动科学统筹、有条不紊地推进，多层次、立体化地覆盖到每一位应届毕业生。从整体上指引广大学生，也对每一个个体悉心关怀。在就业市场的开拓方面，学院本着"请进来、走出去"的工作思路，广开渠道，积极扩大就业市场，为毕业生提供更多的就业机会和工作岗位。

（五）项目程序

在"领跑者"的实施过程中，学院注重过程建设，创新与过程并重，重引领、重参与、重过程、重传承，完善班级培育、学院竞争和宣传推广三大程序。

1. 班级培育

学院将培育工作重心下移，注重基层班级的过程培育。一方面，通过校园文化建设，积极引导学生寻找奔跑方向，并充分发挥思想觉悟高、学习成绩好、综合素质过硬的学生的模范榜样作用，在班级中形成优良的学风、纯正的班风；另一方面，辅导员指导学生开展班级建设和班委工作指导，制定班级各项管理制度，构建积极向上的班级文化，为先进个人和优秀集体的培育工作奠定良好基础。

2. 学院竞争

经过前期积累、沉淀和培育，学院开展先进个人和集体的选拔工作。学院学生工作的全体老师经过长期的精心研究，制定评选方案和选拔标准，确保选拔的公开、公平、公正。各班级和个人通过形式多样的现场展示，向全院展现争当"领跑者"的信心和决心。根据展示的效果和班级工作的日常积累与活动组织，评出先进个人和集体，并将其推荐到学校参加标杆选拔，将学院的良好学风吹向学校的每个角落。

3. 宣传推广

学院特别重视总结表彰和宣传工作，营造"领跑"文化。首先，充分动员有意向的班级参与"领跑者"的选拔，在竞争中成长、成熟和成才。其次，经过选拔和总结表彰，将"领跑者"形象推广到全院，营造"学有榜样、争做标杆"的标杆文化，引导学生树立正确的价值观，掌握科学的学习方法，提高自身的创新意识和能力，形成完善的人格结构。最后，学生个人和集体标杆在新生入学教育时，通过宣讲等形式把"领跑者"标杆形象进行示范推广，让领跑集体和个人在新生中发挥榜样的感染力量和传承力量。

（六）项目支持

1. 国家精品项目支撑

学院精心首创全校唯一的"心晴工作室"，并于2013年获得国家辅导员精品项目立项。该项目全方位关怀学生的心理健康，华南理工大学党委副书记张振刚曾高度评价"心晴工作室"实现了"心理测评科学化、心理活动常规化、心理委员管理制度化以及心理宣传网络化"，不仅提高了学生的心理素质，活跃了校园文化，更为学生领跑学业、领跑思想、领跑人生保驾护航，全力支撑"领跑者"的标杆培育。

2. 专业师资队伍指导

项目指导老师团队包括9名成员，其中1名副教授、3名国家二级心理咨询师、3名全球职业规划师。团队成员均从事一线思想政治教育工作多年，具有丰富的心理学、教育学、哲学等知识，并且主持教育部、省级、各类校级项目26项，团队共计发表论文13篇，为项目顺利进行奠定了坚实的理论基础。

3. 校企合作基金支持

"领跑者"自实施以来，受到华南理工大学、机械和汽车工程学院的重视和支持。作为学校标杆工程的重要支撑，学校下拨专项经费奖励"领跑者"先进集体和个人；作为学院学生工作的重要平台，学院成立了"领跑者"培育计划基金,全力支持和保障项目顺利进行。近三年,已先后有 3 家 500 强企业捐赠款项,支持"领跑者"。

(七) 技术方法

"领跑者"实质是一种从学生成长的客观规律出发,以社会实践为平台,通过制定合理目标体系、注重过程培育、引入激励机制等方法,引导学生形成正确的价值观、科学的学习方法和规范的行为方式,攀登思想高峰、学术高峰和人生高峰。

1. 目标导向——制定合理目标

"领跑者"从学生成长的客观规律出发,把学生的教育和管理分为四个阶段,并根据各阶段的特点,从学生切身需要出发,寻找、制定并努力实现目标,再寻找新目标,进入下一个新的目标导向过程,并努力实现新目标,让学生"奔跑有方向"。

2. 过程管理——注重过程培育

"领跑者"不仅关注评选过程和向领跑者学习这两大部分,更加重视"领跑者"的培育过程。运用过程管理的 PDCA(计划、执行、检查、处理)循环,通过过程培育和以评促建,形成一套广泛适用的系统机制,使得广大学生不仅有向领跑者学习的动力、争做领跑者的信念,更有如何成为领跑者的方法论指导。

3. 激励机制——引入激励机制

激励是心理学概念,是表示某种行为动机所产生的原因和动力,即激发人的行为动机的过程。"领跑者"标杆培育的总结表彰和宣传推广就是将激励机制运用于高校学生教育管理工作,激发了大学生的兴趣和热度,扩大了学生参与"领跑者"的积极性和广泛性。"领跑者"主要通过目标激励、精神激励两种方式,把具体的任务细化,让学生明确内部价值,激发学生争当标杆、不断创新、勇攀高峰。

四、项目效果

在"领跑者"项目开展过程中,学院组织各类服务于学生成才成长、科技创新、心理健康、就业服务的校园文化活动,也取得了优秀的成果。其中,"领跑者"项目于 2012 年获得高等学校校内人文社会科学项目立项,学院连续两年获得"全校就业指导与服务先进集体"荣誉称号,"心晴工作室"获批 2013 年高校辅导员工作精品项目,心理健康主题教育活动荣获 2014 年广东省高校校园文化建设优秀成果三等奖。

（一）思想政治教育成绩突出

学院一直把学生的思想政治教育工作放在首位，建立了"线上线下"互动的"领跑者"培育计划，培育和践行社会主义核心价值观。一方面，建立了市二宫、清远英德黄花中学等红色教育基地，为学生提供实体锻炼平台；同时，开辟了电子思教报、机汽之家微信公众平台等线上渠道，传递正能量，引导学生树立正确的价值观，攀登思想高峰。正是学院扎实的思想政治教育工作，培育了一批优秀的个人和集体。例如，2014年6月18日，"校园十佳班集体"——2011级车辆工程（3）班开展主题为"时代在召唤，我们在行动"的团日活动，积极引导同学们深刻领会习总书记的讲话内涵，自觉践行习总书记"勤学、修德、明辨、笃实"的要求，以正确的理论指导自身的成长成才，成为社会主义核心价值观的践行者。本次团日活动还得到团中央书记处书记傅振邦和团省委书记曾颖如的亲临指导。

（二）学生科技创新成果丰硕

学院历来重视"第二课堂"在人才培养和学生个体发展中的重要作用，积极搭建学生课外学术科研平台，提高学生自主学习能力，培养学生创新意识和团队合作精神。学院学子在国际大学生数学建模比赛、全国大学生机械创新设计大赛、大学生先进成图技术与产品信息建模创新大赛、"挑战杯"课外学术作品和创业计划大赛等专业比赛上摘金夺银。近四年，学院的本科生获得国际级奖项19人次、国家级奖项407人次、省级奖项637人次，申请专利180项，授权专利41项，发表论文37篇。2012年"感动华园"大学生年度人物魏骏杨在第41届世界技能大赛CAD机械设计项目竞赛中获得优胜奖，受到了时任中共中央政治局委员、中央书记处书记、中央组织部部长李源潮和中共中央政治局委员、广东省委书记汪洋的接见。

（三）就业指导服务成效显著

学院秉承"请进来、走出去、服务每一位毕业生"的工作宗旨，运用一般号召和个别指导相结合的工作思路，创新就业工作方法，开拓就业市场渠道，及时跟进落实未就业情况，做好毕业生教育、服务和管理工作，取得了显著的成效。2011—2014年，学院毕业生的就业率依次为99.85%、98.33%、98.90%、98.06%，稳居全校前列，学院连续两年获得"全校就业指导与服务先进集体"。

五、项目特色——四重四结合

（一）四重

1. 重引领

目标管理是引领的有效方法，该项目注重引导参与培育的集体树立"为理想和目标而奔跑"的志向，各类集体在培育初期提出建设目标并围绕目标开展培育计划。

2. 重参与

"领跑者"一方面注重全员参与，学院领导老师、团委学生干部和全体本科生是培育计划的指导者、组织者和参与者；另一方面注重全方位参与，每一名本科生既是一个学生个体，又存在于班级、宿舍中，还有可能在党支部之中，争做标杆就是为集体争光。

3. 重过程

该项目已经形成了完善的选拔、建设、评选和宣传等机制，项目分为前期组织申报、树立目标，中期评比竞争、过程培育，终期总结表彰、宣传推广三个过程，过程中对参与培育的集体进行多方面考评，形成以评促建的良好局面。

4. 重传承

学院每年对先进集体和个人进行表彰和经验分享，通过总结表彰大会、院内经验报告会、新老生经验分享会和集中宣传展示等形式，以榜样的力量带动更多的集体和个人积极向前，争做标杆。

（二）四结合

1. 形式上，领跑计划与标杆工程相结合

学院"领跑者"标杆工程培育计划与全校七大类标杆工程评选活动同步，并将评比工作前移，对先进集体和个人进行充分酝酿和选拔、系统培育和打造。培育结果显示，学院在学校各类标杆评选中，有9次评比成功推送两个以上候选集体或个人进入决赛展示环节，在全校所有学院中次数最多，说明该项目培育效果显著。

2. 内容上，以评促建与价值融入相结合

为配合"领跑者"培育计划的开展，学院举办"国旗下成长"、"激扬·青春"、"赢在起跑线"、"助跑职涯"、"知心·悦学"等内容丰富、形式多样的主题建设活动，使全体学生将正向的价值观内化为追求进步、成就卓越的具体行动，营造出严谨务实、积极向上的学风、院风。

3. 辩证关系上，集体培育与个人成长相结合

学生个人的成长离不开其所在的集体，正所谓创造最好的班级才能成就最好的自己，两者之间是一种相互作用、相互促进的辩证关系。培育实践证明，学院各类先进个人均出自先进集体，说明集体既能团结其全体成员的各种力量，更能在内部形成一个良性的赶超比拼平台，促进集体和个人的共同进步。

4. 意义上，争做标杆与成就梦想相结合

学生个人在争做标杆、追求卓越的过程中，重新认识了自己，在不断追求和探索中调整已有目标，努力适应竞争、应对变化，提出新的更高要求，树立新的更高目标。在追求目标的道路上不断磨练，勇往直前，百折不挠，使得生活更加精彩、心态更加成熟、人格更加完善，脚踏实地地实现和见证成长，成就卓越的人生梦想。

作者：刘泽奖、魏争、夏玲玲
单位：华南理工大学机械与汽车工程学院

参考文献

[1] 张振刚. 华南理工大学学生工作创先争优标杆工程：学生共产党员、共青团员标兵［M］. 广州：华南理工大学出版社，2012.

[2] 张振刚. 华南理工大学学生工作创先争优标杆工程：大学班级标杆管理［M］. 广州：华南理工大学出版社，2012.

[3] 张振刚. 华南理工大学学生工作创先争优标杆工程：感动华园大学生年度人物［M］. 广州：华南理工大学出版社，2012.

[4] 张振刚. 华南理工大学学生工作创先争优标杆工程：特色学生社团［M］. 广州：华南理工大学出版社，2012.

[5] 张振刚. 华南理工大学学生工作创先争优标杆工程：三好学生标兵［M］. 广州：华南理工大学出版社，2012.

[6] 张振刚. 华南理工大学学生工作创先争优标杆工程：卓越创新创业团队［M］. 广州：华南理工大学出版社，2013.

[7] 张振刚. 华南理工大学学生工作创先争优标杆工程：杰出辅导员、班主任［M］. 广州：华南理工大学出版社，2013.

"扬帆暨南"新生训练营

暨南大学作为国家最高华侨学府,学生来自海内外130多个国家和地区,目前校内来自港澳台及海外的学生11532人,多元的文化和复杂的生源,对学生适应大学生活提出了更大的挑战。暨南大学特殊的办学使命和复杂的生源结构决定了暨南大学在新生入学教育上必须开创新的工作思路,打开新的工作局面。

经过充分的经验总结和论证,并借鉴国际知名高校入学教育的成功做法,暨南大学学生处在2011年大胆提出了创设"暨南大学本科新生训练营"来开展新生入学教育工作,通过整合原有的新生入学教育内容以及引进新的教育方式,全面打造新生训练营这一入学教育的崭新平台。2012年,新生训练营首次面向全校5000多名新生开展入学教育活动,取得了非常好的效果。新生每天从6:30起床开始整理内务,学习中华武术,到全天的系列培训、交流分享、互动比赛等,充实地度过训练营的每一天,学生及其家长均对侨校首创的新生入学教育模式表示认可和赞赏,境内外几十家媒体争相报道。

2013年,新生训练营进行了全面的改革,活动设置更趋于合理。2014年,新生训练营在总结前两年经验的基础上再上新台阶,同时在全校五个校区面向6000多名来自世界各地的新生展开,暨南大学首次启用的南校区更是此次新生训练营工作的重头戏。2014年新生训练营的工作内容和工作形式都进行了优化,校级项目和院系项目进行了合理的统筹安排,针对不同学院、不同校区的实际状况进行了更加灵活的安排。学校已经成功举办三届本科新生训练营,超过16000名学生在新生训练营中接受了系统的新生入学教育。

暨南大学新生训练营设有专门的效果评估小组,根据调查评估,三年来我校新生入学教育满意度由2012年的88%上升到2014年的94%,绝大部分新生对学校开展实施的各项教育活动持满意态度,远高于其他高校40%左右的新生入学教育满意度。

新生训练营这一独特入学教育模式的开创和实施,给海内外的学生搭建了一个良好的学习成长平台,突出的实施效果和新颖的教育方式引起了广泛关注和热烈反响。社会各界媒体也对暨南大学新生训练营给予了高度评价,新华网、中新网、凤凰网、中国新闻网、中国日报、《中国教育报》、《光明日报》、《南方日报》、《大公报》等几十家境内外媒体都对活动进行了关注和跟踪报道。

一、项目理念：立足学生学习与发展，全面拓展新生入学教育内容

新生训练营立足学生学习与发展，力求通过各项教育内容的开展和实施，为学生的学习与发展奠定良好的基础，让广大暨南学子在面对全新的大学学习生活环境时不再迷茫，不再焦虑；让他们对未来的人生拥有清晰明确的规划，从而树立肩负历史使命的高度自觉，培养对国家和民族发展的勇敢担当，激发他们对实现青春梦、中国梦的不懈努力和追求。

新生训练营以"强化一个主题，体验两种文化，营造三种氛围，培养四种意识"为目标，以"新起点，新目标，新团队"和"爱学习，爱生活，爱运动，爱创新，爱暨大"为口号，旨在通过体验教育、知识讲座、体育锻炼、团队活动、集体竞赛、互动交流等方式，强化新生爱国爱校主题教育，加强新生的组织纪律观念，帮助新生树立学习与发展的大学理念，培养新生的纪律意识、团队意识、责任意识和创新意识，让新生在入学之初就感受到优秀的中华传统文化和多元共融的校园文化，使新生在共同生活、共同学习、共同成长的良好氛围中，了解大学学习和生活的基本特点、规律及要求，尽快适应新的环境，融入新的集体，结交新的朋友，顺利完成从中学生到大学生的角色转变，以积极的态度、饱满的热情投入大学新生活，全面促进新生的学习与发展。

强化一个主题，即爱国爱校主题；体验两种文化，即优秀的中华传统文化及多元共融的校园文化；营造三种氛围，即共同生活、共同学习、共同成长的氛围；培养四种意识，即纪律意识、团队意识、责任意识和创新意识。

二、项目开展：稳步实施，打造精品

自2012年首创本科新生训练营开展新生入学教育工作起，暨南大学已经成功举办了三届本科新生训练营。目前，新生训练营的运作实施日渐成熟，项目内容也精简优化，新生训练营已成为暨南大学学生工作的精品项目，成为暨南学子入校后的必修第一课。

经过三年的实施，新生训练营的教育项目涵盖了学生入学所遇到的各项内容。

（一）爱国爱校

通过一系列活动，开展爱国爱校教育。①通过升国旗仪式，培养新生的爱国情怀。②通过开学典礼、诵读《暨南大学学子铭》，举办学习理解《学子

铭》征文比赛，让新生初步感受百年侨校的文化底蕴和传承。③通过发放校徽、佩戴校徽，培养新生对暨南大学的归属感，激发新生的爱校情怀。④通过学唱校歌及校歌合唱比赛，增强新生的荣誉感和使命感。⑤通过参观校史馆及校史校情教育，让新生进一步了解百年暨南的光辉历程以及暨南大学的办学使命，培养新生的主人翁精神。

（二）中华传统文化及多元共融的校园文化

1. 体验中华传统文化

通过组织学生开展岭南文化考察活动，参观广东省博物馆、游览花城广场、新荔枝湾、珠海渔女、华侨城湿地公园等岭南特色景点，向新生展现优秀中华传统文化，让新生在切身感受岭南文化魅力的同时，领略飞速发展的广东城市风光，体会改革开放的伟大成果。通过学习中华武术，让新生强健体魄，领略博大精深的中华武术精神。

2. 感受多元共融的校园文化

通过新生电影之夜，播放青春励志电影，让新生感受大学校园的青春气息。通过迎新晚会暨新生训练营闭营仪式、多元文化交流工作坊，让新生深入感受暨南大学和而不同的多元校园文化。

（三）营造共同生活、共同学习、共同成长的氛围

1. 共同生活

通过"新生之夜"自助餐会、班级联谊会，让新生相互认识，结交新的朋友，融入新的集体。通过举办系列讲座，帮助新生从心理上更快完成从高中生到大学生的角色转变。通过印发《新生指引手册》，引导新生建立良好的人际关系。

2. 共同学习

通过学院迎新大会和学分制讲解，让新生强化专业意识，并尽快熟悉学校的教学管理。通过举办《学生创新意识培养及学习规划》讲座，让新生了解学校培养创新人才的相关政策。通过举办《时间管理》、《大学学习方法与技巧》等讲座，帮助新生掌握科学的时间管理方法。

3. 共同成长

通过举办《大学生涯规划》讲座，帮助新生从一年级开始规划自己的学习和职业方向，明确学习目标。通过开展"5A卓越引领计划"宣讲会，树立榜样，引领新生成长。通过开展优秀学长朋辈分享会，让新生和高年级师兄师姐尽快建立沟通和联系，得到学长在学习和生活上更为细致的指引。通过开展

"给即将毕业的自己写一封信"活动,并进行评选,引导新生关注自身发展,确立未来的奋斗目标,感恩父母、关怀他人和奉献社会。

（四）培养纪律意识、团队意识、责任意识和创新意识

1. 纪律意识培养

通过举办《大学政策及学生事务服务内容介绍》讲座,让新生明晰学校政策、规章制度及纪律要求,通过学生违纪案例对新生进行警示教育。通过印发《学生社区生活和安全指导手册》,帮助新生更加详细地了解学校、社区生活及宿舍安全规定、行为规范要求,加强新生的安全防范意识,养成良好的行为规范。

2. 团队意识培养

通过体验教育,开展破冰之旅,组织新生亲身参与团队活动、集体竞赛、视频学习、小组讨论等活动,培养新生的团队精神和团队合作意识。通过组织新生开展拔河比赛、定向越野赛、集体创意造型设计比赛、班服及口号设计比赛,培养新生同心协力的集体荣誉感。通过举行拉歌比赛、彩色跑、荧光跑等活动,进一步增强各学院新生对团队及集体活动的参与热情和集体凝聚力。通过举办《如何开展班集体建设》讲座,帮助新生班委迅速建设班干团队,以班级的力量带动全班同学共同学习成长。

3. 责任意识培养

通过消防、防地震、实验室安全操作以及医疗急救等安全教育培训,一方面要求新生提高自我保护意识、安全意识和急救能力;另一方面培养新生的安全责任感,教育新生珍惜生命、热爱生活,杜绝任何会导致不良后果的安全事件的发生。通过宿舍内务检查,让新生为共同营造良好的宿舍及社区环境承担起应有的责任。通过新生系列训练计划,使新生树立社会角色的责任意识,强化大学生的道德责任、法律责任和社会责任感。

4. 创新意识培养

通过院服或班服及口号设计比赛,激发新生的创新意识。通过学院或班级创意造型设计比赛,展现暨南学子积极向上、团结奋进、爱国爱校、立志创新的精神风貌。

新生训练营各项教育活动内外兼修,多元并举,做到了一个主题统领多个活动,为广大新生量身打造了大学初期的学习和生活大餐,受到了新生们的热烈欢迎和广泛赞誉。

三、项目效果:"润物细无声"

新生的需求是暨南大学开展本科新生训练营活动的基础和前提。每年的活动方案和活动内容都是在经过大量扎实有效的走访调研,深入总结过往工作的成功经验与做法,认真分析广大新生最新需求的基础上,有针对性地制定工作方案,科学合理地安排教育内容,从而在最大程度上迎合了新生的心理预期,满足了新生们的学习和生活等多种需求,使本科新生训练营的各项教育工作取得了非常好的教育效果。

(一)新生破冰:迅速融入大学环境,建立良好人际关系

新生入学之初,对环境、集体的陌生感是首先需要解决的问题。本科新生训练营敏锐地抓住这个特点,成功地将体验教育全面引入其中。单就2014年开学第一、二天,五个校区共举办了36场体验教育培训,通过老师引导、互动游戏等方式,让新生在很短的时间内相互了解和认识,使他们摆脱了入学的紧张和焦虑,迅速融入集体,并积极参与互动和交流,为后期的班集体建设奠定了良好的基础;通过班级联谊会和《新生心理适应及情绪管理》讲座等方式,营造新生之间共同生活的良好氛围,引导新生相互关心、相互帮助,建立良好的人际关系,为互助友爱打下良好基础。

(二)班级锻造:培养集体意识,建立班级归属感

在熟悉环境、融入团队之后,找准定位,建立自信,为集体的发展贡献力量是新生们接下来面对的难题。通过学校"5A卓越班集体"获奖班集体开展《如何开展班集体建设》专题讲座和班委竞选活动,为关心集体、乐于助人的同学脱颖而出提供了平台;在集体创意造型和班服(院服)、口号设计比赛中,思维开阔、有设计潜能的同学找到了用武之地;青春洋溢的操场上,拔河比赛、定向越野让运动细胞丰富的同学大显身手。本科新生训练营就是通过内容丰富、形式多样的活动,让广大新生都能在这里找到自己的舞台,挥洒属于自己的青春。

(三)学业引导:强化专业意识,及早规划大学生涯

大学生涯如何规划,一名优秀的大学生应该具备哪些素质和能力,是本科新生训练营需要重点解决的问题。通过名师第一课、《学生创新意识培养及学习规划》讲座等教育内容,帮助新同学尽快熟悉学院情况,强化专业意识,做好学习规划;通过《大学生涯规划》讲座、学长见面会等活动,帮助新生

及早确立自己的职业理想,明确人生目标;通过队列训练、案例学习、消防安全讲座、创意造型比赛、"给即将毕业的自己写一封信"等活动,使纪律、团队、责任和创新意识在潜移默化中成为新生们共同的价值追求。

(四) 文化传承:弘扬中华优秀传统文化、增强外招学生认同感

本科新生训练营举办的初衷,就是基于暨南大学生源多元化的特点,探求侨校新生入学教育的新思路和新方法。因暨南大学不开展军训工作,新生训练营能够让广大新生,尤其是港澳台和华侨华人学生在入学之初能尽快适应大陆的学习和生活环境,在轻松愉快的教育活动中消除彼此的生活和文化隔阂,在共同的文化基因——中华文化的旗帜下熟悉起来、团结起来,共同生活,共同学习,共同成长。

项目实施效果表明,通过中华武术学习、岭南文化考察、多元文化交流工作坊等项目,确实让暨南大学每年来自海内外的 6000 名新生充分感受到暨南大学传承优秀传统文化和海纳国际多元文化的良好氛围。很多来自港澳台地区和海外的留学新生都说中华武术学习和多元文化交流工作坊是他们最喜欢和印象最深刻的项目之一,也使他们增强了对暨南大学的认同感和自豪感,确实是一举多得。

四、项目经验:立足侨校,牢记使命,大胆创新

暨南大学新生训练营经过三年的实践,已经形成了科学系统的体系,而其成功的举办,则是和以下几个方面工作的创新性开展密切相关的。

(一) 成立新生训练营讲师团,科学规范入学教育内容

暨南大学每年 6 月份都会提前选聘新生入学教育的讲师团成员。讲师团由教学名师、知名校友及相关部处的负责人组成,负责在新生入学教育期间,特别是新生训练营期间担任各类主题入学教育讲座的主讲老师。以名师学者及知名校友自身的学习、科研、工作和生活经历来启发新生们的大学学习与生活,达到了良好的教育目的,受到新生的欢迎。同时,为了确保教育内容的科学性和规范性,学校还提前组织讲师团成员集体备课,融合集体智慧制作课件及策划授课内容和形式,确保达到良好的教育效果,提升入学教育质量。

(二) 通过学长计划选拔班级助教,全程跟进新生训练营各项工作

每年 6 月,除了提前选聘新生入学教育讲师团,从教师资源方面确保新生训练营的顺利进行外,暨南大学还通过学校实施多年的学长计划来选拔优秀的

高年级学长,担任新生班级入学教育的助教,全程协助专职辅导员开展新生训练营的各项活动。新生入学助教的选拔非常严格,选拔后还需要进行系统的培训才能上岗,每个班级配备一名助教,在新生训练营期间全程跟进各项活动的开展,和新生一起进驻学生宿舍,一起参加各项教育活动,可以说起到了临时班主任的作用,但是又不像老师与新生产生距离感,深受新生的喜爱和欢迎。

(三)选拔新生骨干提前入校,创新学生干部队伍培养方式

由于新生训练营持续10天左右的时间,期间举办的讲座超过10场,各类比赛有13场,其他教育活动也有二三十项,工作量巨大,暨南大学从第二届新生训练营开始,就从新生中选拔有过学生工作经历、乐于服务他人的优秀学生(校本部、南校区和珠海校区各100名)提前入校,先进行为期3天的系统培训,再通过在新生训练营期间参与各类活动的组织服务工作进行锻炼和选拔,通过考核的新生骨干,直接进入由学生处实施的"学生领袖成长计划"中继续学习和锻炼。从新生入学第一天开始,就着力培养一支优秀的学生干部队伍,学生在"自我教育、自我管理、自我服务"中健康成长。

作为我国华侨最高学府,传播和弘扬中华优秀传统文化,不断增强海外广大华侨华人对中华文化的归属感和向心力,为港澳台地区和海外华侨华人社区培养优秀人才,一直是暨南大学的办学目标和办学任务。而本科新生训练营正是从源头上践行这一目标任务的重要举措,是暨南大学新生入学教育具有里程碑意义的项目。未来,新生训练营还将不断发展和完善,着力在以下几个方面进行改革和创新:

一是进一步增加对境外学生的教育和引导,针对境外学生的特点开拓更多的行之有效的教育活动,激发广大境外学生在学校学习生活的热情,进而树立起对暨南园的热爱、对中华民族的认同。

二是在全面开展新生训练营各项工作的同时注重各校区的差异,充分考虑各校区、各学院的特点和实际情况,对新生训练营的各项教育工作内容进行进一步的优化和整合,在不同校区实施差异化的项目内容。对于可以在全校开展的教育内容,要加强统筹和协调,确保发挥出大型教育活动的主题内涵,培养学生的归属感和认同感。对于各校区、各学院开展的教育活动,要加强评估和指导,并建立起相应的支持机制,确保人力物力到位,发挥出教育内容的良好效果。

三是勇于实践,不断创新。每一年的新生训练营方案制订都要充分总结经验,听取学生、老师以及社会的反馈意见,不断完善和优化。同时,针对每一年出现的新情况、新形势加强研判,通过创新新生训练营的各项工作内容工作

形式来应对新情况、新形势，从而让新生训练营的效果发挥到最佳。

展望未来，新生训练营将会一直伴随暨南学子的成长与成才，也将成为暨南大学的新传统被延续和传承。我们相信，在持续地开展和实施中，新生训练营这一侨校独特的入学教育模式将向着更加科学化、专业化的方向发展，在不断的探索与创新中建立起百年暨南的教育新品牌。

作者：暨南大学学生处

青春社区行

　　大学生社会实践是大学生利用专业知识或自身特长在学期或假期深入社会、了解社会和服务社会,理论联系实际的活动过程。2004年,中共中央、国务院发布的《关于进一步加强和改进大学生思想政治教育的意见》(以下简称《意见》)指出:"社会实践是大学生思想政治教育的重要环节,对于促进大学生了解社会、了解国情、增长才干、奉献社会、锻炼毅力、培养品格,增强社会责任感具有不可替代的作用。"社会实践作为大学生成长的必要环节,在高等教育改革中具有深远的意义,也是我国积极推进人才建设、进行人才培养的一条必要途径。为了贯彻和落实《意见》的精神,华南农业大学公共管理学院于2005年启动"青春社区行"项目,不断创新大学生社会实践教育的内容和形式,积极推进实践教育体系工作的完善和发展。

一、项目理念

　　"青春社区行"是华南农业大学公共管理学院结合共青团广州市委员会、广州市青年志愿者协会的相关计划,依托学院社会工作、行政管理等专业优势,将社会实践与课堂教学、社区服务相结合,引导学生自觉投入社会实践,真正实现大学生"受教育、长才干、作贡献"的目标。项目前期通过学院团委联系,由政府机关、企事业单位、街道办、居委会等地方组织向学院乃至学校在校大学生提供一定挂职岗位,后期发展为社区挂职、志愿课程、社工服务等多个子项目共同运行,让广大学生能够更好地理解和运用管理学、社会学、社会工作等理论知识,激发专业学习兴趣,在实践中培养学生的综合素质,提升核心竞争力。

二、项目运作

(一)项目主体

华南农业大学公共管理学院。

(二)项目对象

华南农业大学全体学生。

（三）项目时空

"青春社区行"发展历程如图1所示。

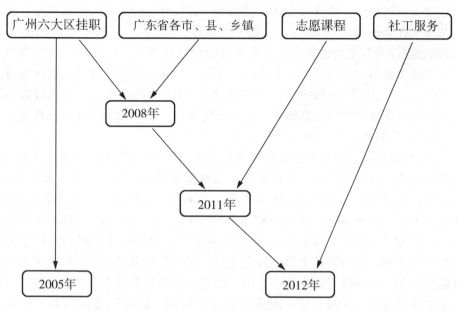

图1　沙盘培训课程内容

（四）项目内容

"青春社区行"实行志愿者招募制，每年大约招募600人次，通过短期培训，利用暑假及周末时间到基层社区组织挂职及志愿服务，让参与学生有机会接触、了解各级行政阶层的运作流程，锻炼解决实际问题的能力。现阶段主要包括三个子项目：

1. 社区挂职

根据团市委、市青年志愿者协会的相关计划，学院团委与广东省各市、县、乡镇团委合作，与各街道签订社区共建协议。项目甲方包括广州市六大区区委、区政府、区人社局、区国土房管局、区质监局、妇联残联等单位机构，清远市阳山县七个乡镇，每年暑假向学院乃至学校提供一定挂职岗位；项目乙方选拔优秀学生协助其进行基层工作，如打字、复印、收发邮件和信件、文书写作等基础性工作，以及测绘、电脑操作等专业性工作。项目的运行让参与学生有机会了解各级行政阶层的运作流程，熟悉各机关单位的主要工作，以及办公室的工作规则、职场礼仪、人际交往技巧等。

2. 志愿课程

随着"青春社区行"项目队伍的不断壮大，学院紧跟广东省委、省政府的号召，在团市委、市残疾人联合会为进一步提升社会助残扶残意识、帮助残疾人融入社会而全面开展的"志愿在康园"计划中，主动出击，积极开展"康园志愿课表"主题志愿服务，实现社会助残资源与工疗站的信息化常态对接。学院主要面向天河区二十个康园工疗站，一站一队伍，每站志愿者注册人数40人以上，以现场授课形式，定时定期为残障学员提供有关志愿服务，服务内容包括康复训练、亲情陪护、生活技能教授、文化知识、安全教育等。

3. 社工服务

"农村基层政权建设社会工作服务征程项目"是"青春社区行"的进一步发展与深化，旨在利用学院专业优势，为帮助基层农村进一步扩大基层民主，完善村民自治制度，提高农民群众的思想、文化、道德水平，促进农村教育、文化、卫生、体育等事业发展贡献青年学子的力量。该项目以增城市中新镇35个行政村为基地，组织社会工作或社会学专业学生驻村开展农村社会工作服务试点工作。驻村大学生协助村党支部、村委会积极发动、组织村民参与村务服务管理、培育农村社区社会组织，提升村务服务管理水平；通过建设农村社会工作服务站，积极探索"社会—社工—社团—社区"工作机制，推动农村社区建设发展。运用学生的专业知识，帮助村"两委"班子成员拓宽工作视野，提升村"两委"班子成员的工作能力。同时，为广州市社会工作介入农村工作的模式及培养农村专业社会工作者探索新的路子。

（五）项目程序

每年度"青春社区行"的规划主要分以下四个步骤实施。

1. 采用多种形式宣传活动内容

每年4月和10月，项目组采用多种手段和形式向学生宣传活动内容。一是分场次召开宣讲会，邀请项目展开地的相关工作人员以及专业教师对项目性质和内容进行介绍和指导；二是在学生宿舍区进行摆摊宣传，就相关问题进行现场答疑；三是发挥新媒体的作用，利用微博、微信等公众平台展示项目往年开展情况；四是辅以海报、横幅、传单等手段。

2. 根据岗位性质招募选拔志愿者

学院现有公共管理和社会学两个一级学科，下设六个学科专业：土地资源管理、公共事业管理、行政管理、劳动与社会保障、社会学、社会工作。项目组根据岗位的不同性质选拔相应专业的学生。例如，针对广东省直志愿者协会,重点挑选具备行政管理、公共事业管理专业背景的学生;针对协助阳山县各乡镇开展土地承包经营权确权登记工作,则重点挑选具备土地资源管理、经济学专业背景的学生;针对康园工疗站和农村基层政权建设,则选拔有社会工作专业背景、懂手语、有按摩专长的学生;等等。

3. 结合专业特长开展培训工作

社区挂职培训方式主要由行政管理专业教师讲解会及经验交流会组成;志愿课程于每年6月底前完成"一站一队伍"建设,每月月中定期组织一次志愿者助残知识培训课程和一次团队维系活动(形式不限),每月月底开展月度分享会、"社区助残志愿星"系列活动;社工服务分别于6月和12月召开至少三次以上的培训会,包括团队建设培训、项目介绍及下乡情况培训、社工方法技巧培训等。

项目程序实施时间如表1所示。

表1 "青春社区行"项目程序实施时间

项目内容	宣讲时间	招募时间	培训时间	实习/实践时间
社区挂职	4月	5月	6月	暑期
志愿课程	4月	5~6月	每月	每季度
社工服务	4月、10月	5月、11月	6月、12月	半年/寒暑期

(六)项目支持

1. 国家重视

2002年,中央文明办、中央综治办、文化部、卫生部、司法部、国家体育总局、中国科协、共青团中央、全国妇联等9部门联合发出《关于开展科教、文体、法律、卫生"四进社区"活动的通知》。《通知》要求,通过开展"四进社区"活动,引导社区居民"身体力行社会主义思想道德,形成平等友爱、良好和谐的社会风尚……促进人的全面发展和社会文明进步"。近期,习近平同志在关于实践育人的系列论述中也指出:"我们的学习应该是全面的、系统的、富有探索精神的。既要向书本学习,也要向实践学习;既要向人民群众学习,向专家学者学习,也要向国外有益经验学习。有理论知识的学习,也有实践知识的学习。"由此可见,国家对社区建设的重视和对大学生社会实践培养的强调,为"青春社区行"项目的顺利实施奠定了基础。

2. 专业支撑

在学科发展发面,学院重视学生课堂外实践,在政府机关、城乡社区、大中型企业、社会组织等部门建有100多个校外教学实习基地，每个学生都有多次机会到校外机关、组织、社区、街道、企业、工厂、村庄参观考察或进行社会调查。

学院具有特色的社会工作专业，以"助人自助"为工作理念，是一门注重实践的专业，在社区工作中有其不可比拟的优势。首先，在工作对象和内容上，社工主要帮扶社区的贫困者、老弱者、身心残障者和其他不幸者；预防和解决部分经济困难或因生活方式不良而造成的社会问题；开展社区服务，完善社会功能，提高社会福利水平和社会生活素质，实现个人和社会的和谐一致，促进社会的稳定与发展。其次，在工作方法上，社会工作在长期的实践中形成了比较完整的方法体系，形成了个案、小组、社区三大工作手法及社会工作行政和社会工作研究。社工进驻社区，用自己所掌握的专业工作方法服务于社区内有需要的人群，一定程度上弥补了社区行政单位在社会建设层面的功能缺失，配合社区做好社会建设。

3. 经费支持

社区挂职经费主要由提供岗位的单位、企业、社区以及校团委、公共管理学院共同承担，志愿课程经费主要来源于广州市民政局的财政支持，社工服务经费主要来自广州青年志愿者协会。经费充足，为学生的实习、志愿服务工作提供了一定的经济保障。

4. 经验传承

"青春社区行"建立学生导师团，在各个社区安排了指导老师，在活动过程中发挥监督和指导作用。邀请往届参与过的志愿者们为"新人"开展培训并交流经验、分享心得。

三、项目效果

（一）提高专业培养质量，增强学生就业竞争力

"青春社区行"培养了学生良好的学习和实践能力，促进学生专业学习与社会需求的有效结合，提高了毕业生的就业竞争力，拓宽了毕业生就业和深造的道路。以社工服务为例。"征程"项目在2014年组织了3批共45名社会工作专业的大学生驻村实习。专业学生驻村服务，一方面提高了项目工作的专业水平，更好地为村委及村民服务；另一方面也为本校社工专业学生提供了一个非常好的实践平台。参与项目的2013年毕业学生中，有47%从事社会工作或相关行业，有13%选择继续深造社会工作类专业，这是项目对社会工作专业学生培育的外在体现。

（二）拓宽学生社会实践渠道，品牌效应逐步扩大

每到暑期，大批学生外出寻找实习岗位，但在茫茫职海中时常面临多重困难，成功率较低，尤其是获取事业单位的实习岗位渠道更是稀缺。社区挂职活动便为广大学生提供了大量的相关实习岗位，其岗位需求与学院学生专业吻合度较高，学生在学校便可获取与专业相关的实习资讯，通过便利可靠的渠道找到适合自己的实习岗位。"青春社区行"活动实施以来，参与人数、单位数量、组织规模都日益发展。项目的宣传力度扩大到全校各个专业，每年报名人数高达3000人。经过层层考核与选拔，最终获取实践岗位的人数在每年600人左右，分布至广东省100多家企事业单位及乡镇社区，达到了人数多、分布广的作用。

（三）推进大学生社会化进程，实现学生培养与社区建设双赢

以社区挂职为例。项目开展十年以来，共输送5000余名学生进驻社区，在不同的社区感受不同的社会文化，推动社区进步。社区以语言文字、各种符号标志和其他现代化的信息传递工具，使青年生活在丰富的信息世界中，得以从社区了解社会、认识社会，从而加速其适应社会的进程。而社区建设工作在青年学生的积极参与下，其发展也将更贴近青年需求，为完善社区建设给予有力的推进。

表2　广州市六大区的社区挂职特色

挂职区域	挂职人数（人/年）	挂职社区特色
天河区	50~60	地处CBD核心，实习平台广阔
越秀区	30~40	深入人文腹地，领略传统文化
白云区	40~50	参与街道清洁，创建基层文明
荔湾区	40~50	关注社会底层，帮扶困难家庭
海珠区	20~30	实行单位面试，提高竞争意识
黄埔区	25~35	毅力抵消距离，坚持义务实习
清远市阳山县	70~80	协助土地确权，发挥专业特长

如表2所示，项目的开展除了使参与的大学生的能力与素质得到提升，也让社区事业单位的工作者进一步了解当代青年的特性，使其往后的工作能不断得以完善。而项目中的志愿活动亦让大学生的奉献精神得到最大程度的发挥，使项目受益者数量得以大大提升，达到普惠社会的效果。

四、项目特色

"青春社区行"在培训对象、师资、方法及人才储备上实现了"三个结合"。

(一) 指导层面上，实现学生成长与社会需求相结合

本项目向广大学生提供了到基层单位学习交流的平台，实质是提供了用理论联系实际、在观察中求思、在实践中求知、在创新中求进步的可能，是专业学习的有益补充；同时，学生利用专业知识和工作手段，为社会基层提供服务，使教育效益和社会效益达到共赢。

(二) 运作层面上，实现第一课堂与第二课堂相结合

只有将理论付诸实践才能检验和实现其价值。随着社会主义市场经济和高等教育的发展，社会对大学生的要求更加全面。"青春社区行"为学生践行校训和"丁颖精神"——在实践中求知求实——提供了良好平台。通过"青春社区行"，广大学生更好地理解并运用了管理学、社会学、社会工作等理论知识，激发了专业学习的兴趣，同时在实践中培养学生的综合素质，使社会实践的第二课堂成为第一课堂的有效补充和延伸，从而达到理论教育与实践教育的共进。

(三) 管理层面上，实现项目化与制度化相结合

"青春社区行"的对象是求实、奋进、甘洒汗水、勇于承担社会责任的大学生，他们有强烈的思建业、图自强的意识，项目给了他们走出校门、奉献社会的机会；同时，在我国政府"小政府、大社会"转型背景下，"青春社区行"也成功地与广东省各级单位、组织达成共识，签订社区共建协议，建立长期有效的合作关系，使青年主体作用的发挥与长效运行机制的保障得以同步共行。

作者：张木明、付丽云、刘祎、王彪、洪桦、黎仕特
单位：华南农业大学

参考文献

[1] 广东省高等学校思想政治教育研究会学生工作专业委员会. 高校学生事务管理精品项目 [M]. 广州：中山大学出版社，2013.

［2］广东省高等学校思想政治教育研究会学生工作专业委员会. 高校学生事务管理精品项目选萃［M］. 广州：中山大学出版社，2014.

［3］周家伦. 高校辅导员——理论、实务与开拓［M］. 上海：同济大学出版社，2011.

［4］郝英杰，张新娟，马冬. 采撷　积淀　成长：华北电力大学学生工作干部学习、挂职工作总结［M］. 北京：北京交通大学出版社，2014.

［5］李素菊，袁光亮. 社会工作与社区研究［M］. 北京：社会科学文献出版社，2010.

［6］袁媛，谭建光. 中国志愿服务：从社区到社会——社会志愿服务体系建设丛书［M］. 北京：人民出版社，2011.

"职能体验"培养

就业关系民生。大学生就业不仅是经济问题，而且是政治问题，但究其根本是教育问题。就业不仅关系到大学生的前途命运，而且是检验大学教育质量与人才培养水平的"试金石"。面对"没有最难，只有更难"的就业形势，怎样提高生物医学工程专业（以下简称"医工专业"）大学生的综合素质，进而化解"单位招不到人才，学生找不到工作"的尴尬局面？南方医科大学生物医学工程学院通过"职能体验"培养项目的实施，抓住大三这一专业知识、专业能力形成的关键期，利用课余时间开展为期一年的职业能力体验活动。通过"考研"、"出国深造"、"研发（项目）"、"销售"、"售后"、"创业"六个"职能体验"培养平台的分组活动，利用职业能力体验激发大学生专业知识学习的积极性、主动性和创造性，有效提高学生的专业能力与综合素质，促进学生生涯规划与职业定向的实现。

一、项目理念

"通则不痛，痛则不通。"从教育与管理的角度看，就业成为问题，"症结"在于一系列的"脱节"：①学与用脱节。课堂教学、毕业设计与职业实践、行业发展前沿脱节。②专业与职业脱节。专业知识没有向专业能力、职业能力转化；学生不知道学了专业课程有什么用，甚至认为学的专业知识根本没用；学生认为所学专业没有职业需求和就业前景。③教师的教学、科研与学生的就业、创业脱节。教师的教学满足于教材知识体系的传授，教师的科研主要用于自身的职称评审，教师的教学与科研工作很少考虑和满足学生的就业与创业需求。④学院的就业指导与学生的主动发展脱节。学院对大学生的就业指导停留在信息发布、政策宣传、提供场地、就业咨询等服务性工作上，这些并没有改变学生在就业过程中的被动地位，无法使就业成为大学生主动发展的契机。⑤大学的人才培养与社会的单位需要脱节。以通过考试和拿文凭为目标的评价体系和以实际工作经验、职业能力为核心的就业评价体系脱节。

从教育与管理的角度出发，要想促进大学生就业问题的解决，就必须面对一系列的"脱节"，实现一系列的"对接"。拿什么作为对接的核心与纽带呢？我们找到了"职能体验"这一点睛之笔！通过"职能体验"培养项目，打通相关"症结"，整合所有"脱节"，实现学与用、专业与职业、教师的教学和科研与学生的就业和创业、学院的就业指导与学生的主动发展、大学的人才培养与社会的单位需要的有效对接。

二、项目运作

（一）项目主体

南方医科大学生物医学工程学院是本项目的主体。学院成立"职能体验"培养领导小组，统筹项目规划与实施，并整合学校与重点企业优势资源成立"职能体验"管理基地，负责校企合作过程中的管理工作。具体安排如下：

组　　长：薛志国书记、冯前进院长

副组长：周凌宏副院长、朱祥林主任

执行负责人：朱祥林（学工办主任）

组　　员：关龙溪、胥超、蒲滢滢、谢炜平

（二）项目对象

南方医科大学生物医学工程学院电子信息工程、生物医学工程（医学影像工程、医学信息工程）、生物信息学、计算机科学与技术等四个大方向专业的大学三年级本科生是本项目的对象。

（三）项目时空

本项目从2012年10月开始实施至今，以每一届医工专业大学三年级学生为对象，开展为期一年的职业能力体验培养活动，并在2015年7月取得阶段性成果。本项目以南方医科大学校本部（广州市白云区）为核心区域，将广州市和深圳市的多家相关企业、事业单位作为项目展开的空间布局。

（四）项目内容

1. 结合生涯规划，由学生自主选择职能体验分组

根据专业设置和市场需求，学院为参加"职能体验"培养活动的大三学生提供了"研究型人才组"与"实用型人才组"两类分组，并在研究型人才组下设"考研"和"出国深造"两个体验方向，在实用型人才组下设"研发（项目）"、"销售"、"售后"、"创业"四个体验方向（见图1）。学生根据自身的兴趣、职业意向进行自主选择，报名参加不同组别中的不同方向，并开展为期一年的实践活动。每位同学最多可以同时选择两个不同方向进行实践活动，方向一经选定，保持相对稳定。

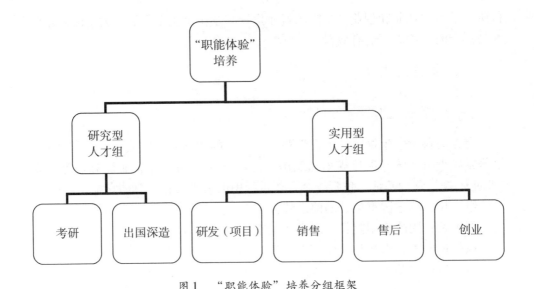

图 1 "职能体验"培养分组框架

2. 以比赛和考研为牵引,培养学生的专业能力

比赛是提高教师科研能力、培养学生专业能力、打造高水平专业团队和扩大学院学科及专业影响力的有效平台。2012年以来,南方医科大学生物医学工程学院以"广东省电子设计竞赛"、"全国数学建模大赛"为抓手,组织学院科研骨干教师指导研究型人才组的学生进行课题研究和项目攻关,不仅连续三年取得喜人的比赛成绩,而且10多位学生在专业核心刊物上发表了论文。通过比赛,不仅使本科生有更多的机会走近科研、了解科研,提升专业兴趣与科研自信,而且让更多的学生在毕业时选择继续深造,或者进入企业研发团队施展才干。通过比赛,将专业教师的教学价值、科研热情与学生专业能力的提高、就业和创业潜力的培养有机地结合起来。

考研或者出国深造是很多大学生毕业时的选择。与其让学生们在大四时突击备考,"临时抱佛脚",不如在大三刚刚进入专业课程学习时提前谋划、早作准备。因此,学院有针对性地开展考研讲座和出国深造辅导,邀请学院的硕士生导师和在读研究生,从考研的目的、考研的专业知识与能力素质要求、考研经验等方面进行介绍。2014年,学院就以"为什么选择继续深造"、"如何在考研道路上坚持到底"和"读研之后需要做的事情"为主题进行了五次讲座,引发了学生的思考与热议。学生普遍认为,既然考研需要有扎实的专业知识和较强的科研能力,那就应该以考研为动力和目标,把大学三、四年级的专业课学好、学精、学透,以便应对考研或出国深造的素质要求。

以比赛和考研为动力，学院推出本科生导师制，训练和提高本科生的科研能力。学院挑选了 40 位具有高级职称的教师，按 1∶3 的师生比例指导研究型人才组的学生进行课题研究。通过本科生导师制的课题研究，实现了"教"、"学"、"研"、"赛"的结合，促进了学生专业知识向专业能力、科研能力的转化和提升。

3．建立学校与企事业单位合作实习基地，构建职能体验平台

没有专业对口、体现行业特色的企业和事业单位，就不可能为学生开展职业体验提供有效平台与保障。截至 2014 年 9 月，我院已和 14 家企事业单位建立了合作关系，建立了实习基地，构建了职能体验平台（见表1）。研发（项目）小组由学校与企业签订项目，由企业指导学生小组独立完成项目任务；销售小组是从企业抽调 20 名销售精英，以 1∶3 的比例指导学生进行销售工作相关的学习与实践；售后小组依托南方医院设备科、学院检测中心，组织售后小组进行学习，小组定期进行学习交流与实践；创业小组依托企业，带领学生进行创业。

表 1　学校与企事业单位合作实习基地企业名单

编　号	单　　位
1	深圳市开立科技有限公司
2	深圳迈瑞生物医疗电子股份有限公司
3	深圳安科高技术股份有限公司
4	广州市杉山医疗器械实业有限公司
5	金蝶国际软件集团有限公司
6	广州视源电子科技股份有限公司
7	深圳市新开元信息技术发展有限公司
8	深圳市蓝韵实业有限公司
9	广州市多得医疗设备维修服务有限公司
10	腾科 IT 教育集团
11	华南资讯科技有限公司
12	雅培中国
13	飞利浦（中国）投资有限公司
14	南方医院设备处

（五）项目程序

"职能体验"培养在学生三年级时开始实行，为期一年。具体实施分三步走。

第一步，学生根据自身兴趣与特点自主选择分组，在每年10月份前完成（见表2）。

表2　2010级学生"职能体验"分组情况

组　　别		人数（人）	
研究型人才组	考研	114	135
	出国深造	21	
实用型人才组	项目	64	195
	销售	59	
	售后	67	
	创业	15	

第二步，学院整合优势资源，通过建设"职能体验"培养平台，为不同方向的学生在不同阶段提供不同的职能体验。组织学生提交参加"职能体验"培养活动期间的心得体会，将优秀的学生实践成果整理成册并进行发表，有科研价值的成果则由学生在老师的指导下进一步进行研究与开发；每个月定期召开学习实践经验交流会，邀请优秀企业人与科研人对参加"职能体验"的学生进行小组内的经验交流与职业培训。同时，让学生自己分享参加"职能体验"期间的收获与心得，从而形成良好的传、帮、带氛围。表3是对我院2010级学生"职能体验"的安排。

表3　2010级学生"职能体验"培养的安排

研究型人才组	2012.10—2013.01	考研、出国组	请专家和考研、出国成功者开展考研系列讲座，与学生分享经验与心得
	2013.03—2013.07	考研、出国组	由学院40名副教授以上职称的老师以1∶3的比例指导学生进行课题研究，培养学生的科研能力

续上表

	2012.10—2013.07	研发项目组	指定企业设计项目，由企业老师指导学生小组独立完成项目任务
实用型人才组	2012.10—2013.07	销售小组	由学院从实习就业基地抽调20名销售精英，以1∶3的比例指导小组学生进行销售相关的学习与实践
	2012.10—2013.07	售后小组	依托南方医院设备科和学院检测中心，组织售后小组进行学习和实践
	2012.10—2013.07	创业小组	依托1家指定企业为创业小组的学生提供创业相关指导和实践

第三步，由学院专家教授、指导老师、企业负责人等组成评价小组，分别对各组实践成果进行评价。评价实施主要包括以下几步：各组成果演示，评委评分；指导老师对实践期间的表现给予评价；各组学生提交体验式管理活动期间心得体会。每年7月份完成。

（六）项目支持

1. 领导重视

学院领导亲自挂帅，不仅承担构建学校与企事业单位合作平台事项，亲赴实习基地挂牌，处理学生实习过程中的各种重大问题，而且加强对"职能体验"培养项目的具体指导和统筹，组织动员学院的专家和教师团队积极参与本项目。领导重视为本项目提供了组织保障。

2. 专家投入

陈武凡教授作为973首席科学家，不仅是学院的学术领头人，而且关心和支持学院的教学改革，早在2007年就制定了"生物医学工程学科特色教育的系统规划"。吕庆文教授主持的"立足生物医学工程学科特色全面推行卓越工程师培养计划（2012096）"广东省教改项目，丰富和深化了本项目的理论基础与实践力度。专家和学者的积极投入，为本项目的实践提供了智力支持和专业支撑。

3. 经费充裕

学院每年拨付专项经费用于"职能体验"培养项目的正常运作。学院还与各"职能体验"管理基地合作设立了包括"飞利浦奖学金"在内的各类奖助学金，用于鼓励"职能体验"培养中表现优秀的学生，并进一步与多家企业及基金会沟通协商，更多地为"职能体验"培养的正常运作提供资金及物资保障，从而拓宽项目运作的经费支持渠道。

三、项目效果

（一）以"用"促"学"，促进学生专业知识与职业能力的结合

用学生自己参加"职能体验"培养的亲身体会更能说明问题：

> 起初很多人都觉得女生选择销售小组可能比较适合，但是我根据自身情况，觉得自己希望以后的职业是能在医院做物理师，所以我选择了售后小组，希望能通过这个小组的学习，了解到更多课堂上老师没有讲到的课外内容，又是我们就职所必需的内容。就这样，我就跟着售后小组展开了一个多月的学习。经过这段时间的学习和与导师的交流，我发现我们的知识储备还是远远不够的，这也让我有了自学的动力，所以现在我都会特意关注关于仪器原理和使用方面的书籍，了解更多课本之外的东西，如MRI，PET，CT。现在的我，已经不再像之前那样的迷茫，认清了奋斗的方向，所以每天过得很充实，可以合理地安排自己的课余时间，用在有意义的事情上。(2014.12.10)
>
> ——林袁碧，2012级医学物理师，南方医院售后组

> 为期五天的研发组安卓实训已经接近尾声了，下周六就要进行最后的项目验收。在实训的这些时间里，了解了许多，也学到了许多。记得第一次课，方老师提了一个很好的问题，他问，你们知道你们为什么要学安卓吗？教室里没有人回答，或许怕说错，又或许我们真的不知道为什么要学。虽说只是个小小的提问环节，却引人深思。我也不禁问自己，到底为什么要学学校安排的课程？这些课程学来到底有什么用？就像之前学的高数、模电、数电，如今反问自己，到底为什么学？学了之后我能做什么？我回答不上来，因为根本就没有思考过学完之后到底能做什么，完全是一种盲目的学习，课表上安排了什么课程，去学就是了，学完后考试过了就好，把学习仅仅限制在这个小小的要求上，所以学完就忘是自然的事情。究其原因，就在于缺乏目的性，缺乏自主性。抛开那一堂课的具体学习内容，我就记住了老师的那个问题和他的解答，我们为什么要学安卓，因为我们要利用安卓，开发移动APP、GPS、传感器和NFC等领域的产品。每当我们开始学一门知识或技术时，首要思考的不是怎么学，而是为什么要学，明确学习的目的非常重要。(2014.12.08)
>
> ——林志勤，2012级医学信息学，安卓实训研发组

(二) 以"赛"促"研",学生科研能力与就业创业潜力显著提高

在校企合作的基础上,"职能体验"培养项目支持有针对性地与企业联动,不仅要求学院副教授以上职称的教师团队指导研究型人才组员进行课题研究,而且让研发小组的学生在企业的带领下进行研发设计,学生科研建设取得了丰硕成果。在竞赛方面,我院自2012年起,数学建模、电子设计大赛培养基地的学生人数增多,在全国各级科研竞赛中获奖的学生人数也有了显著增长,其中,获得全国数学建模大赛一等奖的学生有14人,获得广东省电子设计大赛一等奖的有15人,而团队获奖数也有了显著提高。更为重要的是,以"赛"促"研"不仅提高了学生的科研能力,而且为学生毕业后读研或进入企业研发团队打下了良好的基础,学生就业创业潜力显著提高。

2014年,我院共组织九支队伍参加广东省电子设计竞赛,获得一等奖的有四组,二等奖和三等奖各一组(见表4),取得了较好的成绩,其中,林志达组作品《基于多功能智能手环的游泳池管理系统》获得众多评委专家的好评。横向与其兄弟院校的参赛情况对比中,本院参赛队伍较少,但一等奖比例最高(见表5)。

表4 学院参加2014年省级赛情况及成绩

奖 项	参赛队员	指导教师	参赛题目
一等奖	林志达、赖志业、霍炜彬	陈小燕、王琦、林霖	基于多功能智能手环的游泳池管理系统
一等奖	张杰洪、王瑞松、吴仕登	刘娅琴、喻德旷、黄靖	基于ucos-ii操作系统的防丢多功能钱夹
一等奖	卓顺意、黄杰星、曹卫杰	杨丰、于晓宝、王琦、陈姿羽	智能导盲拐杖
一等奖	王木、钟佐国、万旺	刘娅琴、喻德旷、陈小燕、黄靖	基于云平台的宠物监护系统
二等奖	吕健星、刘泽儒、欧阳宇通	刘娅琴、喻德旷、黄靖	基于CC254x的婴幼儿睡眠监护系统
三等奖	黄嘉兴、汪圆、王志阳	杨丰、于晓宝、陈姿羽	无线尿失禁病人受湿报警衬垫
成功参赛奖	李华燊、李华勇、赵秒龙	杨丰、于晓宝、陈姿羽	耳垂式精神疲劳检测器

续上表

奖 项	参赛队员	指导教师	参赛题目
成功参赛奖	夏小晴、孙卫欣、陈金星	李喆、林霖	便携式心电监护仪
成功参赛奖	姚业博、李智翀、林欢容	陈小燕、王琦、林霖	智能社交腕表

表5 其他院校的参赛情况

参赛院校	参赛队伍总数	一等奖总数	一等奖百分比	获奖总数	获奖百分比
南方医科大学	9	4	44.5%	6	66.6%
华南理工大学	17	7	41.2%	10	58.8%
中山大学	11	1	9.1%	8	72.7%
华南农业大学	20	4	20%	17	85%
华南师范大学	13	2	15.4%	12	92.3%

(三) 以"职"促"训",订单式培养使校企合作获得共赢

在已有实习基地的基础上,学院择优选择了部分企业作为第一批"职能体验"培养管理基地,让企业和学生双向自主选择,进行点对点匹配,进一步加强了双方的沟通,使学生在校期间就开始了订单式的培养,促进了企业人才发展,满足了大学生的职业选择主动性发展,促进了大学与学院"产、学、研"的改革、发展与创新,实现了共赢。从2011年至今,我院毕业生进入世界500强企业的人数逐年增加,仅飞利浦公司在华南地区招收的我院毕业生就已达180多名。

通过"职能体验"培养项目的不断探索,学生综合素质显著增强,学生就业质量持续提高。这主要体现在以下三个方面:①就业率稳定居高,近四年来我院学生就业率保持在95%以上。②学生就业满意度和就业质量不断提升,尤其是缓解了工科女生就业困难的局面。近年来,我院学生进入医院、专业相关知名外企工作的人数占比逐年提高,学生们通过"职能体验"培养,大多较早确定了自身就业方向,最终获得相对满意的就业机会。③高科技含量创业已初见成效。有多名毕业生通过学院的正确引导与鼓励,创立了高科技产业公司并运营良好。这批学生传承医工"传、帮、带"的精神,在"职能体验"培养中又以导师身份回馈师弟师妹,带着学生进行创业指导与帮助,使学生高科技含量创业形成了良好的循环运作。

四、项目特色

（一）抓住专业成长关键期，突出了"学生为本"的育人价值

抓住大学三年级专业成长的关键期，通过"职能体验"培养的一系列活动，培养学生"以用促学"、"学以致用"的态度和能力。在学好专业知识的过程中，引入职业实务和行业前沿信息，将职业素质要求与专业学习的自主性、能动性结合起来，有效促进了专业知识向专业能力和职业能力的转化。

（二）以就业、创业形成倒逼机制，推动学院人才培养模式的创新

以就业、创业作为倒逼机制，通过"职能体验"培养，积极推动学院教学、科研、管理与育人工作的改革与发展，推动学院人才培养模式的创新。学生通过亲身体验，知道研究、深造需要哪些素质，知道企业需要什么样的人才，进而明确自身定位。在实践操作中，学生也懂得如何实践专业理论知识，提高学习兴趣，提高专业技能，成为"来即能用"的实用性高素质人才。

（三）通过"校企合作"，适应社会对大学生人才的需求

与综合类和理工类大学相比，医学院的医工专业应定位在"培养有行业特色的计算机应用人才"上，才能在激烈的就业竞争、人才竞争中凸显自身的优势与特色，适应社会对大学生人才的需求。"职能体验"培养的实施体现和实践了这一理念，成为本项目的理念指导。

作者：朱祥林
单位：南方医科大学生物医学工程学院

参考文献

[1] 陈武凡，谭小丹，周猛. 生物医学工程学科特色教育的系统规划//中国生物医学工程进展——2007中国生物医学工程联合学术年会论文集（下册）[M]. 西安：西安交通大学出版社，2007.

[2] 吕庆文，曹蕾，李远念，陈武凡. 基于CDIO模式培养复合型卓越软件工程师的探索[J]. 高教探索. 2013（1）.

[3] 曹蕾，吕庆文，张煜，李远念. 有行业特色的计算机应用人才培养[J]. 计算机教育，2012（6）.

知行书院

《国家中长期教育改革和发展规划纲要（2010—2020年）》提出："注重学思结合。倡导启发式、探究式、讨论式、参与式教学，帮助学生学会学习；注重知行统一。坚持教育教学与生产劳动、社会实践相结合；注重因材施教。关注学生不同特点和个性差异，发展每一个学生的优势潜能。"国务院从创新人才培养模式的高度，为学生素质教育工作打开了新的思路。身处广州大学城的学生宿舍群有着独特的特点：学生宿舍集中在一个区域，教学课堂、图书馆、自习室等学习区域相对而言与宿舍有一定的距离。在宿舍区搭建文化素质教育的组织体系和活动形式，成为广州中医药大学经济与管理学院（以下简称"我院"）开拓学思结合、人才培养渠道的立意点。宿舍，是氤氲年轻人喜怒哀乐和生活气息的地方，也是习惯养成和品行思考的时间重集地。因此，寓分享式学习于生活，让素质教育走入学生宿舍、走入生活、走入习惯，是知行书院建设的初衷和方向。

在学校领导的支持鼓励和学院邱鸿钟院长、郝宏伟书记的大力倡导下，结合我院实际，借鉴国内外各高校书院制教育的教育模式，广州中医药大学经济与管理学院知行书院（以下简称"知行书院"）得以建立，并区别于常见的住宿制书院，也区别于校级统筹的书院制教育模式，而是立足于二级学院的资源实际，是通过整合经济与管理学院各个学生组织的资源力量而搭建的新型书院素质教育体系。知行书院不是一个独立的团体，也不是一个办事机构，而是学生按照"自我管理、自我教育和自我服务"原则，在学生宿舍区开展学习和校园文化活动的一种新的组织形式和活动形式。

一、项目理念

"知行"是中国传统儒家学说的一个重要范畴。用"知行"命名书院，取义"知"离不开"行"，"行"亦离不开"知"，鼓励广大学生既要在日常生活中坚持学习、求知，也要把学习到的知识融入生活实践，做到知行结合。"书院"是中国古代的一种教学组织机构，知行书院以"书院"命名，其含义同原来有所不同，主要指一种具有学习功能的区域或活动形式。

要立足于二级学院办书院的实际，在书院制的基础上突破创新，采用更灵活的教育渠道、更灵活的场地、更灵活的时间来策划和统筹。知行书院的宗旨是：通过"书院"的名称和有关制度，整合现有各种学生组织的力量，引导广大学生在学生宿舍区积极开展各种学习活动和校园文化活动，大力加强我院学生生活区的学风建设，力争把学生生活区建成一个具有较强学习和文化传播功能的功能性社区。

知行书院的目标是：建设学习型、活力型、互助型宿舍文化。

二、项目运作

（一）项目主体

广州中医药大学经济与管理学院。

（二）项目对象

广州中医药大学经济与管理学院全体学生。

（三）项目内容

知行书院主要由知行实践篇、宿舍课堂篇、文体融情篇三个部分组成，从身体力行、经验分享、情感交流的三个角度营造有良好学习氛围、有开阔视野导向、有温暖宿舍情谊的书院文化载体。

1. 知行实践篇

（1）培养有"传帮带"管理理念的知行人——新生朋辈辅导员、考研心得交流会。①新生朋辈辅导员。推行新生朋辈辅导员招募及工作机制，组织高年级同学参与到帮扶新生适应性教育的工作中来，从学习、生活到德育的各个环节辅助专职辅导员的工作，对新生加以教育和指导，帮助新生融洽宿舍关系及宿舍生活氛围，提高对大学生活的适应能力。新生朋辈辅导员从同专业高年级的同学中选拔，每个班级配备两名朋辈辅导员，协助专职辅导员开展班级建设工作。②考研心得交流会。在考研季结束之际，为了更好地促进"传帮带"的学习方式，于每年5月份举行考研心得交流会，应届毕业生与大家分享他们考研、保研或留学的经验，帮助低年级同学制订更加有效的考研复习计划，也促使师弟师妹更早接触考研，更早对未来作出思考、制订目标，更明确地规划自己的求学之路。

（2）培养会主动吸取成长养分的知行人——导师采风。"导师采风"活动是对知行书院导师进行采访报道，创造同学与老师近距离接触的机会，使同学们能从导师身上学习和体会到他们的精神风貌。由采访同学传达导师精神，并以此为契机，努力建立学生与老师的联络机制，使学生与老师充分接触，也使更多学生关注知行书院、深入了解知行书院,参与到知行书院的活动中来。宣传方式是通过在学校二级动态、知行书院微博、各班级 QQ 群、院刊中广泛宣传和分享收获。

(3) 培养服务奉献的知行人——流动工作站、党员承诺活动。①流动工作站。每层楼选定一间学生宿舍作为工作站点,由执委会工作人员宿舍流动担任工作站,主要负责内容为在宿舍区开展"服务学生计划"。同学们在学习生活中难免会遇到一些问题,由流动工作站成员协助收集本学院学生的一些问题,如对课室教学设备的使用、物业等,再与学校老师及物业公司相关人员反映沟通,发挥好桥梁作用,形成宿舍服务与信息反馈的良好机制。②党员承诺活动。每层楼在楼道口附近建一面"承诺墙"。主要介绍本楼层"有困惑,找党员;有困难,找干部"承诺及相关党员、干部个人信息,以及志愿者服务岗的信息。全部党员和学生干部向广大同学作出"有困惑,找党员;有困难,找干部"的承诺。

(4) 培养爱学习的知行人——带一本书回家过年。旧书不厌百回读,熟读精思子自知。在每年寒假前号召、倡议书院人带一本书回家过年,过一个文化年,并于返校后进行读书心得的交流评比和表彰。每年世界读书日之际,书院将融合"带本书回家过年"读书心得评比活动与读书心得交流活动,营造一个更具文化氛围和治学风尚的经管大家庭。

2. 宿舍课堂篇

(1) 培养热爱知识分享的知行人——一室一席谈、知行微讲坛。①一室一席谈。"一室一席谈"是知行书院的品牌活动。以时下同学们最关注或最感兴趣的话题设立主题,地点在某一发起人的宿舍,时间多为晚上或周六周日,或几个有兴趣的同学共同的闲暇时间,然后在知行书院微博或宿舍微博墙进行宣传。如"感悟十八大精神,寻找身边的生活印记"、"成长经管人·践行中国梦",都是同学们喜爱的时政话题。②知行微讲坛。知行微讲坛是在宿舍区搭建的以同学们感兴趣的话题为取材、身边舍友为主讲的宿舍微论坛活动。通过邀请在某一领域有专长和热情的学生,来分享他在这一领域自主学习到的知识,从朋辈的角度开拓舍友们的视野,促进交流与进步。例如,2014 年邀请了在第八届亚洲大学生摄影展获奖的学生来分享,以往也交流过职业妆容礼仪等社交人文知识技能。

(2) 培养新媒体分享式的知行人——广中医经管知行书院微博。通过当下学生最喜爱的交流沟通新媒体,利用同学们闲散的网上浏览和手机浏览时间,开展零碎分享式的素质教育。已开设的栏目包括:知行名言、提提你、英语日日读、晚安知言、书季盛开、音韵舒雅、浪迹天涯、最新活动等。

3. 文体融情篇

（1）培养富有人文精神的知行人——校园 DV 大赛、阳光经管摄影展。活动以校园文化生活为元素，用 DV 拍摄记录发生在大学校园和学生生活中的故事，为同学提供新媒体的展示舞台，促进同学们对宿舍关系、对生活的观察和思考。让老师更了解学生当下的所思所想，同时也促进了同学们另一面才艺的展现和提高。

（2）培养热爱文体运动的知行人——快乐体育运动会。通过趣味体育运动会，可以促进各年级、各专业的相互沟通和交流，方便同学们来到宿舍楼下的空地为师兄师姐、师弟师妹和同班同学加油打气，在轻松的氛围里结识更多的朋辈朋友，凝聚友情。

（四）项目时空

1. 知行实践篇

（1）新生朋辈辅导员项目每学年一期，每年 6 月份选拔并聘任，任期半年。新生每班配 2 名朋辈辅导员，每期选拔 8 名优秀的同专业高年级同学担任，由新生辅导员进行有专业针对性的培训及工作指导。采取招募、自愿报名的形式，由管委会顾问组面试选拔。

（2）考研心得交流会也为每学年一期，每年 5 月份开展。按照升学的主要形式——考研（本校）、考研（外校）、保研（校内）、保研（外校）、留学，邀请相应的应届毕业生为准备考研的同学分享考研经验。

（3）导师采风按导师聘期情况开展。开展时招募小记者，组建小记者团，分组向导师发出交流邀请，交流并采访导师的成长心路及职业选择观点，每组完成采访稿、通讯稿及心得，并分享给知行书院同学。

（4）流动工作站管理人员每年一届，知行书院执委会换届后进行新的人员换届管理。主要由各栋楼分院长及楼层主管兼任。每年 10 月换届。

（5）党员承诺活动常年开展，每年更新人员名单。

（6）"带一本书回家过年"每年 12 月底开展，持续一个寒假，于第二年开学时征集读书心得并于 4 月份进行总结表彰。

2. 宿舍课堂篇

（1）"一室一席谈"每学期举办若干期，以时政热议、专业相关或成长有关话题发起倡议，在某个参与者宿舍举行。

（2）知行微讲坛每学期举办一场，邀请学生中在某个领域有突出表现的人作为朋辈主讲开讲，打破专业、年级的局限，在宿舍或架空层开讲交流。

（3）书院微博按照栏目设计更新。

3. 文体融情篇

（1）"我与舍友的故事"DV大赛每年一届，每年5月举行。每次选取一个时下校园生活中热议的主题，开展征集。截至目前，已成功举办五届。

（2）阳光经管摄影展每年一届，每年5月举行。

（3）快乐体育运动会每年一届，每年5月举行，除毕业班外，各楼层各分院均按班级参加。

（五）项目程序

1. 知行书院管理委员会、执行委员会人员确定

每年9月份知行书院管理委员会、执行委员会换届，并于换届后进行招新。9月底确定当年工作学生团队。

2. 组织内部培训

确定管委会人员后，组织各个工作组进行培训。

3. 建立学年工作计划表

按照既定品牌活动日程，建立一学年的工作计划进程表。

4. 书院顾问组审核

学院顾问组由学院主管学生工作的领导、学工办全体老师组成。审核一学年的工作进程及项目。

5. 按照进程策划并开展各篇章活动

每个子活动策划由策划组在活动既定开展前一个月进行策划，并报送指导老师修改完善，进而按期开展。策划之前需查阅上一年活动策划及总结，并针对当前学生关注热点甄选活动主题，并在原有模式的基础上增加学生所需的契合度和创意，更好地理解和吸收所要分享的知识、理念。

6. 每学期末提交工作心得和总结

每学期对开展工作中的优点与不足进行总结，逐年完善工作。

7. 总结表彰

学员结束学习后，对书院执委会、朋辈辅导员进行考核、总结及表彰。

（六）项目支持

1. 以师生领导共重视来夯实知行书院建设基础

书院制素质教育模式是在学院邱鸿钟院长和郝宏伟书记的亲自提议和倡导下开展的学生素质教育工作项目，他们一直关注着知行书院的筹建工作。学院《关于印发〈经济与管理学院2013年学生工作要点〉》（中党经管〔2013〕5号）中，明确把"知行书院"作为学生工作项目化、特色化、精品化项目来建设。

知行书院管理委员会由学院各大学生组织主要学生干部组成。学院领导和学工办全体辅导员为顾问组；结合学院专业学科特点，邀请聘任了20位在学校管理岗位的老师为知行书院导师。管委会下设执行委员会，逐步建立起"管委会—执委会—分院—楼层"的组织管理体系。

2. 以制度推动健全完善工作运行规范

学院下发了《关于成立经济与管理学院"知行书院"的通知》（中党经管〔2011〕38号）等文件，并先后制定了《知行书院章程》等相关制度文件，使项目各项工作有章可循，规范推动工作顺利开展。

3. 以资源共享的形式保障优化资源成本效益

知行书院遵循分享式素质教育的特点，整合了院内各学生团队的资源，以资源共享为依托，共建节约、高效的管理运作模式，减少学生组织资源重复浪费的现象，提高资源使用效率和工作成效。

（七）技术方法

从知行书院的特点和实际出发，建立了"维系、维新、维实、维通"的"四维圈"实施路径。

1. 维系

体系健全、架构完善、运行有序的知行书院工作体系是新型书院发展完善的基础。因此，从知行书院管理委员会的组织架构到执委会的人员配置，从制度建设到工作理念角度的切入，都是根据知行书院当前发展的需要和实际而组建的。

2. 维新

对于知行书院来说，创新工作是前进的动力和乐趣。我们面对的是分住在六栋宿舍楼的知行书院学子，如何盘活知行人的活力与热情，需要知行书院在工作中找到新的视角、新的途径、新的形势、新的载体空间、新的风气面貌……所有新的可能性。找到新的阵地，才能带来素质教育新的气息。

3. 维实

一个新项目的开发不是争取噱头，都是要实实在在地为学生的成长成才服务。新工作会面临新挑战，没有稳扎稳打的工作步骤，就没有学生素质的实质提高。这是知行书院一直铭记的工作原则。

4. 维通

知行书院的教育从理解到热爱，都是一个过程。知行书院在搭建信息畅通的渠道平台，也致力于将信息的通达深入到学习成长理念的通达。

三、项目效果

自知行书院建设以来，工作人员从一个小工作组起步，到今天的组织健全、活动体系化建设，从学生了解知行书院建设到认可，经历了摸索、探讨与反复论证。现有工作人员 50 人，参与到知行书院活动中的舍员们多达千人。书院的活动不求规模，一切以学生自主的喜好和热情度来组织活动，愿为学生搭建最朴实、最便利、最有学习乐趣的学习平台。在这里，我们可以约见名师，也可以约见身边的闪光达人；在这里，可以告别拘束和坐姿，围圈而谈；在这里，没有竞技，只有乐趣和鼓励；在这里，可以畅所欲言，交流最真实的声音；在这里，三五个人也可以进行精彩的活动；在这里，可以找到有共同学习兴趣的良友；在这里，我们不需跨越生活区到教学区的距离……

（一）建立了良好的宿舍区交流式学习平台

知行书院把活动阵地建立在宿舍或楼下架空层等宿舍区域，加强了不同年级、不同专业、不同兴趣的学生的交流，打造了一个便利和舒适的结识朋辈的平台，帮助低年级的同学找到适合朋辈答惑的师兄师姐，帮助喜欢"宅"的同学打开新视野，让喜欢在网络上交流的同学导入一部分时间给面对面的交流，改善了宿舍间的人际氛围和相处模式。例如，"一室一席谈"共举办 4 期 15 场，累计参与人数三百多人；"带一本书回家过年"已走过三年，收到读书心得近千篇；校园 DV 大赛已成功举办五届。

（二）挖掘和肯定了一批有不同才华的同学

在"一室一席谈"、微论坛，我们发现了善于摄影的同学、善于演讲和表达的同学、善于化妆的同学、会变魔术的同学、对学生工作很有心得的同学；在导师采风和"带一本书回家过年"活动中，我们发现了腹有诗书的同学、文采飞扬的同学；在考研心得交流会中，我们发现了对于成长有见解的同学、很会学习的同学，还在听众中发现了对于未来很有规划的同学；在 DV 大赛、摄影展中，我们发现了很会制作视频的同学、很会编剧的同学、很会摄影的同学、很有艺术表演天分的同学；在快乐体育中，我们发现了很有影响力的同学、很会照顾人的同学、很会组织协调的同学……

这些发现和挖掘，使同学们更了解彼此，更重要的是，给我们的思想政治教育和素质教育带来了新的讯号和信息，让思想政治教育和素质教育更贴近学生，让老师更了解生活中学生多姿多彩的精神风貌及其真实面貌，补充了辅导员、专业老师对学生的认识和了解，从而为我们培养有不同闪光点的人才给予了新的启示。

（三）搭建了更为开放、更易理解的素质教育载体

从生活切入教育，是知行书院最重要的特色和理念。知行书院不同于其他书院的模式，也带来了更为灵活的场地。在不同的宿舍开展活动，也让同学们走入了不同宿舍同学的生活；流动的工作站，让不同的同学感受到了书院工作学生干部的生活状态，也使同学们侧面了解知行书院的成长和工作人员的付出。把感受和体验的教育渗入宿舍区，让活动参与的热情来源于理解和共鸣。这也是新型学生宿舍书院素质教育体系的魅力。

四、项目特色

（一）开拓新区域

让素质教育在区域上走近宿舍，将社区学习文化延续到日常生活上。知行书院是学生宿舍文化建设平台的组织载体，是同学们生活、学习、居住乃至人际交往的重要区域。将素质教育的阵地深入同学们的生活空间，形成来自于生活的影响力。

（二）开拓新架构

让书院形式在架构上统筹凝聚，将工作触角联系到分散楼栋。鉴于学生分散于六栋宿舍楼的实际情况，需要组建新的组织模式和开展渠道：由知行书院"院长—分院长—楼层主管"的执委会、由多个学生组织组建的管委会，来统筹、丰富学生宿舍社区文化建设的角度和资源。

（三）开拓新空间

让书院工作在空间上灵活运行，将场地平台流动在社区学生宿舍中。我们将工作空间设立为"流动工作站"，将活动开展的场地设为"恰好的学生宿舍"以及楼栋之间的架空层和空地。

（四）开拓新渠道

让书院教育在渠道上多元化发展，将实体组织文化活动与新媒体网络活动相结合。21世纪的青年人具有网络活动较为频繁和广泛的特点。在第二课堂活动方面，知行书院双管齐下，将线上活动和线下活动相结合。

（五）开拓新导师

让书院师资在组建上不拘职位，将教授高管与朋辈之星共聘共约。古人云："三人行必有我师。"因此，知行书院邀请的老师不仅有专业教师，也有学校行政管理的老师，还有身边的同学。通过邀请学生中有个人兴趣和才华突出的学子作为书院小讲师，用朋辈的亲和力和感染力带动身边同学的文化品位、审美情趣、人文素养和科学素质。

（六）开拓新时间

让活动开展在时间上走进闲散，便于把握利用边角料时间。由于主要在宿舍区开展书院活动，我们的小讲师、小活动、小工作等都可以在同学们的边角料时间组织开展，且就在身边的宿舍，活动主题都从学生感兴趣的热议话题出发，利用边角料时间进行素质教育也是个突破口。

（七）开拓新规模

书院活动把握"以小见大"的类型，三五个同学可以开设"一室一席谈"，志同道合、有共同兴趣的同学可以开展一个微讲坛。没有参与人数的特定要求，人数少就组织微型活动，人数多则分开场次或调整到大场地。一切从学习的兴趣和乐趣出发。

作者：邢岩、张娟、罗向晗、宋君玲、陆冠儒
单位：广州中医药大学经济与管理学院

紫荆培英工程

大学生就业关乎民生。党的十八届三中全会提出了要深化教育领域综合改革，健全促进就业创业体制机制的要求。近年来，随着就业形势的严峻，如何在新形势下做好大学生就业工作，已经成为高校教育管理者亟须研究解决的重要课题。华南师范大学历史文化学院（以下简称"学院"）积极贯彻党的教育方针，探索大学生就业创业长效机制，以"三化"工作为抓手，即推动"师范技能训练日常化、师范技能实践层级化、师范技能比赛系列化"，将师范技能训练融入学生日常教育教学，培养与社会需求相匹配的高素质人才。学院就业率连年达100%，毕业生树立先进的教育理念，在工作岗位上敬业爱岗，广受社会好评。

学院秉承"学高为师，身正为范"的传统，以提高学生的综合素质为目标，以学风建设和提高学生实践能力为重点，深化"全员育人、以生为本"的工作理念，坚持"狠抓基础工作、打造精品活动、内修学生素质、外塑专业形象"的工作方针，历经十年，打造独具历史师范专业培养特色的高校学生事务管理工作精品项目——紫荆培英工程。

一、项目名称

紫荆是华南师范大学常见的树木，并形成一种校园文化的代名词。本项目名为"紫荆培英工程"，寓意培养具有华南师范大学精神和特色的师范人才。

二、项目理念

学院积极强化大学生能力培养，制定学生培养"四步走"战略，即"一年级打基础、二年级练技能、三年级重实践、四年级促就业"，将相对空泛的能力培养目标转换为操作性强的学习目标，使学生具备扎实的专业知识技能，提升综合素养，具备崇高师德，主动适应社会。

"紫荆培英工程"以铸就教学精英和未来教育家为目标，遵循人才培养规律，立足师范专业特色，整合人才发展资源，彰显人才训练成效，已经打造成为华南师范大学独具专业人才培养特色的精品工程。

三、项目运作

(一) 项目主体

华南师范大学历史文化学院。

(二) 项目对象

华南师范大学历史文化学院本科生。

(三) 项目时空

2005 年,学院针对专业实际,在长期调研走访广东省各市县教育局和众多中小学的基础上,进一步完善学院学生培养计划和教学模式,并着手实施"紫荆培英工程",培养理论与实践并重、知识与能力协调发展的高素质人才,实现高校教育和社会需求的对接。

(四) 项目内容

师范技能是师范生毕业后能胜任教师工作所需的基本技能,是一名合格师范生能力的体现。学院严格遵循人才成长规律,采取分类分层、循序渐进的培养方式,整合各类资源,搭建师范生人才培养平台,服务学生成长成才。学院注重强化师范技能指导,推进师范技能训练的日常化、师范技能实践层级化和师范技能比赛系列化。

1. 日常训练,激发基层班级自我管理能力

学院针对各年级实际,明确各年级的学风建设目标,做好整个学年的学风训练计划,深入监督落实日常"三笔字"练习和小组师范技能训练,狠抓一年级学生的"三笔字"和普通话训练,提高一年级学生的口头表达能力;紧跟二年级学生的说课和试讲技能练习;配合三年级学生到微格教室试讲;着重提高四年级学生的就业技能。同时,举办英语四级模拟考试和"高考月"训练,提高学院学生的学习热情;利用学院购置的大黑板,为学生提供锻炼板书技能的平台,努力弥补学院师范生在实习和就业过程中暴露出的板书技能薄弱的问题。通过调动基层年级、班级的力量,切实开展师范技能培训,激发基层班级的自我管理能力。

2. 听说看做,夯实历史专业教学实践基础

按照学校和学院人才培养计划,学院秉承"一年级打基础、二年级练技能、三年级重实践、四年级促就业"的"四步走"战略,重点做好"听、说、

看、做"四项工作。所谓"听",就是组织一年级学生听好课堂专业基础知识,多听各类专业学术讲座,打好专业基础知识;所谓"说",就是组织做好二年级学生微格教室的试讲、说课日常技能训练工作;所谓"看",就是组织三年级学生深入中学基层一线看名师的教学课堂和教学方法,安排他们前往陕西西安、广东韶关、湖南等地的历史文化遗迹进行实地校外教学活动,着重提升学生实践和拓展专业视野;所谓"做",就是组织学生做好专业实习工作,为毕业就业工作做好各项准备工作。通过"四步走"战略,学院全面夯实学生的历史专业教学实践基础,提升学生综合素质。

3. 赛练结合,强化各类师范技能比赛质量

学院在总结历年师范技能训练经验的基础上,大力整合活动和教学资源,实现活动的系列化和资源利用的最优化,着力提升师范技能比赛的质量。学院通过举办"三笔字"比赛、多媒体课件制作比赛、说课比赛、模拟课堂比赛、班主任职业技能比赛、模拟招聘比赛、广东省历史专业师范生教学技能比赛和全国高师院校历史教师教育专业本科生教学技能比赛,以及"师范技能训练月"和"学风建设月"等具有历史专业特色的系列学风建设活动,形成了"班级—年级—学院—学校—全省—全国"多层次系列比赛,达到以赛代练、以赛促练、赛练结合的目的,为学生提供了就业适应性训练的平台,让他们更清楚地看到自身技能的不足,从而不断提升自我,增强自身就业竞争力。

(五)项目程序

做好学生的技能训练是一个长久的过程,既需要学校人才培养的顶层设计和学院推进技能训练的制度保障,也要根据各年级学生的实际情况和学风建设目标,分阶段循序渐进地进行。为此,学院从制度层面确立人才培养保障机制,围绕优秀学长的引领示范,突出做好各年级的"传帮带学"工作;利用"国培"和"省培"等在职教师培训资源,强化学生技能;发挥校外教学实践基地功能、增加学生见习实习机会等方式开展学生实训工作,提升人才实训的基础、规模和质量。

1. 建章立制,建立人才培养机制

为使"紫荆培英工程"的推进有据可依,学院根据学校本科人才培养方案,成立了师范技能培训领导小组,组织专业教师、学生管理工作者和教务工作者,集中精力将原有分散的师范技能训练、考核和奖惩模块进行制度化、系统化和规范化,制定了《历史文化学院专业技能和师范技能培养方案》、《历史文化学院教师教育课程评分标准》、《历史文化学院奖教奖学基金》等系列训练、考核和奖惩制度,加强考勤、监督,实行日常练习与学分挂钩制,确保

学生在校期间的师范技能训练效果更加有章可循，为人才培养和发展打下基础。

2. 传帮带学，发挥学长引领示范

在日常的试讲、说课训练和比赛中，学院除了安排经验丰富的专业老师进行师范技能训练指导，还选拔师范技能水平高的本科高年级学长和研究生对低年级学生进行技能指导，发挥学长引领示范作用，真正做好高年级对低年级的"传帮带学"工作。具体而言，每年从高年级中遴选出口头表达能力强和普通话成绩优秀者，组成口头表达训练导师组，分配到一年级的各学习小组进行指导训练；从高年级遴选试讲、说课等综合技能比较突出或参加各类师范技能大赛获奖的同学，分配到二、三年级的师范技能训练小组，指导低年级同学的综合技能训练。

3. 巧借名师，强化技能专业指导

近年来，学院承担了大量的"国培"计划和"省培"计划的培训任务。学院充分借助"国培"和"省培"项目的丰富教师学员资源，邀请其中的一线优秀教师现身说法，指导学院学生试讲、说课；同时，充分利用名师讲座资源，安排学生旁听了深圳、东莞、惠州和广州等地优秀教研员或优秀教师主讲的专题讲座，促进学生了解历史教学前沿，进一步将历史学习和教学联系起来。

4. 基地建设，拓展教学实践领域

近年来，学院通过建立校外实践教学基地，将师范技能训练常态化，结合教育见习、实习和社会实践增强学生技能水平。一方面，学院每年组织各年级学生到珠三角等地的中学进行教育见习，让学生在学习中提升专业素养；同时，学院结合历史学专业特色和广州历史资源丰富的实际，组建学生义务讲解队，为广州众多博物馆的游客进行讲解。目前，学院已和省内众多国家级师范高中和省级重点高中，以及广东省博物馆、中山纪念堂、中共三大纪念馆、西汉南越王博物馆等20多个博物馆建立联系，并签订基地协议，实现了师范技能训练的基地化建设。

（六）项目支持

1. 各级领导部门高度重视

"紫荆培英工程"自实施以来，就得到学校和学院各级领导的高度重视，学生工作部（处）和教务处也多方关注，在经费和场地等方面给予支持，确保项目的各项工作顺利开展。

2. **学生工作团队精心安排**

　　学院学生工作办公室对项目进行精心设计，根据学生专业特点及实际情况因材施教，并结合社会需求的变化，不断丰富项目内容。

3. **专业教师悉心负责指导**

　　项目在实施过程中，也得到专业教师的大力参与，每项活动都有专业教师担任指导，保证活动开展的质量和效果。

4. **教育局和中学大力支持**

　　项目活动邀请各地教育局教研员和中学教师担任导师，使活动具有针对性和实效性，学生得到一线教育工作者的指导，从而进一步提升了专业技能。

（七）技术方法

1. **朋辈教育法**

　　项目选拔师范技能水平高的本科高年级学长和研究生对低年级学生进行技能指导，发挥学长引领示范作用，朋辈教育效果显著。

2. **实践教学法**

　　项目开展以来，组织学生赴各地中学进行教育见习，到各大博物馆开展义务讲解，通过实践促使学生开阔视野，并在实践中检验和提升学生的理论知识。

四、项目效果

（一）训练参与率高

　　学院根据系列师范技能培养制度，依托基础班级、年级、团学组织等集体，做到活动前期有宣传、学生参与有热情、后期活动有反馈的原则，组织和发动学生主动参与各类师范技能比赛活动，学生的训练和比赛参与率大幅提升后，连续多年稳定在较高的参与率上。据不完全统计，每年参与各类师范技能训练的出勤率保持100%，学生比赛活动参与率100%，确保各类活动真正做好学院有组织、学生有响应、能力有提升、参与广覆盖的特点。

（二）普通话水平等级测试通过率高

　　普通话水平等级测试是评定教师资格的必备条件之一。学院通过一年级的口头表达训练，二、三年级的试讲、说课等训练和四年级的见习、实习训练，全面提升了学生的普通话表达能力。据统计，每年学生普通话通过率基本保持在99.5%以上。

(三) 重大比赛获奖率高

在各类师范技能大赛中，学院学生均取得了突出成绩。在学校"三笔字"大赛中，连续多年获得优秀组织奖，团体总分位居前列，获奖学生比例高达95%；在校多媒体课件制作比赛、模拟课堂比赛等赛事中，学生获奖比列位居学校文科院系前列；在第一、二届全国高师院校历史教师教育专业本科生教学技能大赛中，学院学生获得说课一等奖和二等奖各2项、模拟课堂一等奖和二等奖各1项，是所有参赛院校中成绩最好的院校之一；在第一、二届广东省历史专业师范生教学技能大赛中，学院学生获得一等奖3项、二等奖5项和三等奖3项的好成绩，是全省参赛单位成绩最好的院校。

(四) 毕业学生就业率高

为应对日益严峻的就业形势，学院组织开展模拟招聘大赛、"高考训练月"等各项师范技能比赛活动，邀请优秀毕业生回校开展各种就业形势指导讲座，有针对性地开展试讲、说课等活动，全面提升毕业生的各项综合素质。大力倡导和鼓励学生继续加强学业深造，通过努力，学院每年毕业生升研率均位居学校文科院系前列，连续十年就业率保持100%，并被连续评为"就业工作先进单位"。

(五) 人才培养满意率高

项目实施以来，学院为社会培养和输送了大批优秀教育工作者和人才。通过培养教育，学生树立了先进的教育理念，热爱教育事业，具有长期从教的职业理想和情感，有较强的教育教学能力、组织管理能力和实践创新能力。毕业生在工作岗位上敬业爱岗，践行社会主义核心价值观，受到社会广泛好评。

五、项目特色

(一) 紧贴专业特色，凝练师范风采

扎实的专业基础是成为一名合格历史教师的首要条件。作为全校唯一全部是师范专业的院系，学院整合了全院教师资源、学生资源和校友资源，制定独具历史专业特色的综合培养制度；依托学院专业课程、历史"瞭望论坛"、专业读书交流会和优秀"校友论坛"等资源，坚持做好专业的学术引领；多方筹措资金建立和完善"历史文化学院图书角"，根据现行的中学历史教材版本，购进了初高中不同版本的历史教材、教参，方便学生进行纵横向比较，体

会不同版本教学思路设计的优缺点,帮助学生设计具有自己教学特色风格的教学思路,以更好地把握课程标准的灵魂,为学生走上教师之路奠定基础。

(二) 突出技能培养,提升综合素养

师范技能是师范生赖以生存和区别于非师范类学生的重要技能。对于师范生的培养,师范技能的训练是关键。学院遵循学生成长规律,循序渐进,坚持做好低年级的"三字一话"(毛笔字、粉笔字、钢笔字和普通话)工作,夯实教学基本功;严抓高年级的试讲、说课、多媒体课件制作,强化教学实践技能。鼓励和组织学生参与各类师范技能比赛,形成"以赛代练、以赛促练、赛练结合、综合提升"的师范技能学习氛围,全面提升学生的师范综合技能素养。

(三) 彰显工作成效,锻造可塑之材

院风和学风是学院发展的根本,也是学生成长成才的基本保障。多年来,学院坚持以院风带学风、以学风促院风的工作战略,通过系列师范技能活动,营造积极向上的良好氛围。据不完全统计,每年师范技能学生活动参与人次高达3000人次,学生活动参与率达到100%。学生在公开出版刊物上发表的学术论文多达34篇,位居全校文科院系之首;学生大学英语四级考试通过率为99%,六级通过率为85%,普通话水平等级测试通过率为99.5%,计算机一级通过率为100%;学生的初次就业率为100%。在全国、全省和全校各类师范技能比赛中,学院多人多次获奖,是所有参赛单位中成绩最好的院系之一,充分展现了学生师范技能培养的显著效果和综合实力。

(四) 纵贯立体培养,服务学生成长

把握学生成才规律,构筑分层次、有类别的综合"立体式"人才培养体系,是服务学生成长的有力支撑。学院在制定人才培养计划时,严格按照不同年级采取不一样的培养方式和强度,在做好分类、分层的基础上,实施一年级打基础、二年级练技能、三年级重实践和四年级抓就业的"四步走"学生师范技能培养战略,依托"班级—年级—学院—学校—全省—全国"多层次系列比赛平台,借助学长的"传帮带学"、"国培、省培"优质教师培训资源和校外专业实践基地,层级推进,打造纵贯前后上下左右的"立体式"人才培养体系,全面提升学生师范综合技能水平和能力,服务学生成长成才。

华南师范大学历史文化学院以建立"紫荆培英工程"为契机,继续秉承

"内强素质,外塑形象"的工作宗旨,整合人才培养资源,以激发学生学习原动力为切入点,继续探索历史师范生培养新体系,加强和改进学生思想政治教育工作,推进学院学生事务管理的科学化、专业化进程,打造独具历史师范专业特色的人才培养精品工程,形成新常态的人才培养机制。

作者:黄佳明、陈果、周奋、陈芳宇、陈启萍
单位:华南师范大学历史文化学院

"知·行"计划

一、项目背景与理念

（一）背景

习近平总书记在与北京大学师生座谈时，对青年学生提出"勤学、修德、明辨、笃实"的要求，并指出在青年中树立和加强社会主义核心价值观的重要性。习总书记认为，学习是成长进步的阶梯，实践是提高本领的途径，鼓励广大青年学生在实现"中国梦"的伟大实践中锻炼成长。高校承担着为社会主义现代化建设培养高素质的建设者与可靠接班人的任务，必须深刻领会习总书记实践育人观的深刻内涵，积极创新实践育人的方法与途径，努力提升新时期的思想政治教育工作成效。

实践育人是指以学生在思想政治教育课堂上获得的理论知识和间接经验为基础，通过开展各类实践活动，激发学生课外自我教育和相互学习的热情和兴趣，帮助学生形成正确的价值观与高尚的品格。实践育人既是思想政治教育回归人性的内在要求，又是思想政治教育的本质属性。广东工业大学（以下简称"我校"）积极探索、搭平台、创条件，把思想政治教育融入学生的社会实践中，经过调研及多次讨论，我校决定启动"知·行"计划，即积极创造条件、搭建学生实践平台，促进学生将思想政治教育的抽象内容"内化"为具体认知，进而上升为内心信念，真正做到"知行合一"，而图书馆实践育人项目是我校"知·行"计划的试点。

（二）理念

"知·行"计划是我校积极探索通过社会实践增强学生的内心体验，促进学生思想成长的模式创新项目试点。该项目把我校家庭经济困难学生传统资助方式与实践育人相结合，秉承"知行合一，实践育人"的工作理念，注重思想教育与实践体验相结合，让学生在实践中领会并践行"诚实劳动、自立自强、爱岗敬业、团队合作、友善真诚"等核心价值观，帮助学生以体验的方式获得人格、能力、身心的全面成长。

二、项目运作

（一）项目主体

"知·行"计划由学生处与图书馆具体负责，联合各学院学工办共同开展。

（二）项目对象

全校家庭经济困难学生。

（三）项目时空

"知·行"计划从2004年开始，已实施十年，每年有400多名学生参加图书馆的岗位实践。

（四）项目设计

为保证"知·行"计划的效果，学校高度重视，对项目的设计经过反复讨论，制定了清晰明确的实施思路与科学规范的制度保障，如《广东工业大学勤工助学管理办法》、《广东工业大学图书馆勤工助学管理制度》。同时，认真挑选责任心强、经验丰富的图书馆老师、学院辅导员担任项目成长导师。

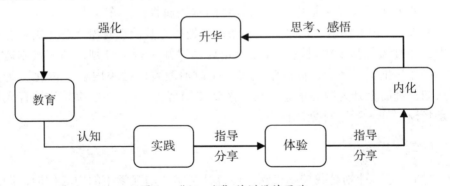

图1 "知·行"计划设计思路

如图1所示，整个"知·行"计划被设计成一个封闭的回路，首先通过第一课堂的教育，将思想政治教育的内容传授给学生，让学生在项目的实践平台中体验文明、和谐、平等、公正、法治、爱国、敬业、诚信、友善等核心价值观的具体内涵，并通过成长导师的辅导，以朋辈互助以及学生的自我感悟等形式促进学生深层次的思考，从而升华、内化成自己的价值观、人格品质。

（五）项目流程

"知·行"计划的流程如图 2 所示。

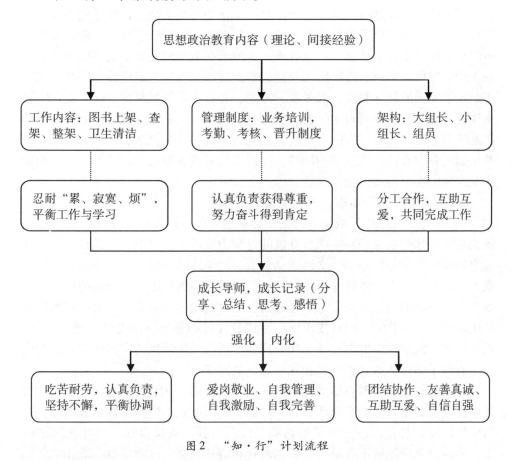

图 2　"知·行"计划流程

1. 注重思想教育，增强价值认知

当代大学生是祖国的未来和希望，是社会主义的建设者和接班人。他们的思想素质如何，他们的理想信念如何，直接关系着未来中国的发展和前途。我校坚持以社会主义核心价值观教育为重点，结合第一课堂与第二课堂的教学需要，积极开展多种形式的体验式教育活动。十年来，我们不断健全"知·行"计划实践育人平台的体系与机制，在为家庭经济困难学生提供勤工助学岗位解决生活困难的同时，更注重平台功能的拓展，面向参与岗位工作的家庭经济困难学生进行体验式的教育引导，帮助他们自强自立、健康成长。

2. 搭建实践平台，促进自主体验

参与"知·行"计划的学生的具体工作是图书上架、整架、查架、卫生清洁等。工作闷、累、厌，需要学生细心、耐心，能吃苦又能耐得住寂寞，能完成好工作又能读好书，能在枯燥重复的工作中寻找平衡点，能适应环境并能快乐地工作。项目以分组的管理方式，让更多的学生有机会独当一面，创造更多的机会让学生自主体验、自主管理。大组长在老师的指导下负责统筹图书馆勤工助学工作；小组长以班次为单位，负责培训、管理本组成员。同时，该项目制定了完善的管理制度，如考核、考勤、晋升、评优等制度，让学生在实践中体验"认真负责获得尊重，努力奋斗获得肯定"。可见，学生作为图书馆勤工助学的主体，拥有较大的自主权，在实践平台中自我管理、自主体验，在培养坚韧的意志和高尚的情感的同时，又锻炼了自我管理能力，培养了学生的集体观念和协作、沟通的合作观念。

3. 营造"成长"氛围，催化"知行合一"

"知·行"计划中，成长导师的指导和朋辈的互助是促进学生把实践中的体验进行升华的重要一环。项目开展的过程中，每个小组配一名成长导师，导师定期组织学生开展分享、交流活动，引导同学总结经验、分享感悟，并反馈到下一次的体验中。通过这样循环反复的过程，不断把思考与总结的体验、准则内化为同学们的思想观念，并形成自己的价值观与行为准则。为更好地促进学生进行思考和总结，项目要求学生在成长导师的指导下做自己的成长记录，真实记述实践过程中的内心感受和心理转变历程，让学生切实感受到自己的成长，有助于学生总结、思考，相互学习、共同成长。

项目通过创新"教育输入＋体验＋认知＋思考（内化）＋输出"的形式，让学生在实践中体验诚实劳动、自立自强、爱岗敬业，体验掌握业务技能、团队协作、友善与爱，进一步了解自我、提升自我、成长自我。即在实践平台上，实现对家庭经济困难学生的励志教育和精神培育、技能培育，既让学生在实践中"认知、践行社会主义核心价值观"，又让学生在实践中"学习技能，提高综合素质"，以体验式的方式获得人格、能力、身心的全面成长。

（六）项目支持

"知·行"计划的成功运行离不开图书馆、学生处、各学院、各指导老师、学生干部等的支持。在这些群体中，各自的分工明确：学生处负责统筹项目的设计和运行，图书馆负责项目的具体实施，各指导老师、辅导员对学生的各种需求及时给予指导与支持。

三、项目特色

（一）重视体验，促进内化，增强认同

以体验为核心的实践育人过程既是思想政治教育回归人性的内在要求，也是促进内化的重要环节。"知·行"计划把"爱岗敬业、奉献"等价值观融入学生的勤工助学实践中，设计各种平台，完善制度，让学生在实践中充分体验，让社会主义核心价值观渗透于实践工作的每一环节，学生在体验中点点滴滴的感受，一次次强化了对核心价值观的理解，也深化了认同度。项目设计中的老师指导及朋辈互助环节，进一步帮助学生把体验到的内容升华为自己的价值观和行为准则，让学生在精神上得到升华。

（二）全程跟进，及时指导，保证效果

"知·行"计划主要以促使学生的自我教育、自我管理、自我成长为目标，而如何达到目标，指导老师起到了至关重要的作用。"知·行"计划配备专门的指导老师，对学生的实践过程进行全程指导。既有一对多的群体辅导，如指导开展集体活动、讲座、交流会等，也有一对一的指导，如学生遇到挫折时的谈心、学生迷茫时的开导等。全程跟进，及时指导，更好地让学生践行社会主义核心价值观。这种自我教育与老师指导相结合的育人模式，是创新思想政治教育工作的积极探索。

（三）注重分享，互助成长，增强自信

参加"知·行"计划的成员是个大家庭，实行分组管理，组员在小组长的培训下熟悉各项工作；分享交流会、团队拓展、年度晚会等活动为同学们的分享交流、相互教育提供了平台；图书馆指导老师、成长导师为朋辈分享提供了支持；成长记录真实地记述实践过程中的内心感受和心理转变历程，是学生自我成长的见证。把学生的心得体会、交流成果在图书馆宣传栏进行宣传，并挑选其中具有代表性的文章进行汇编、出版，如在图书馆勤工助学人的刊物《风帆》、《晨枫》上进行刊登，使广大家庭经济困难学生在思想上产生了认同、增强了自信心，有助于学生总结、思考，相互学习、共同成长。

四、项目成效

"知·行"计划实施十年来，取得了不错的效果。在抽样调查中，参与过"知·行"计划的学生普遍表示，在这个大家庭中，觉得自己成长了很多，在学到技能的同时,更学会了为人处世,并在工作中与同学们结下了深厚的友谊。近年来,"知·行"计划已经成为学生最积极参与的活动之一。

(一)学生践行社会主义核心价值观,精神得到升华

学生在课堂所学的价值观理论、行为准则等在实践中得以亲身体验,并在实践过程中"思考",使精神得到升华。正如黄秋武同学的感悟:"在图书馆半年的勤工,不仅给我有形的财富以减轻家庭经济负担,而且更多的是给了我一种无形的财富,让我在精神的世界里遨游,我觉得这种无形的财富会使我终身受益。"

在"知·行"计划中,学生付出辛劳、勇于担当,认真完成工作,获得经济回报以及精神肯定,使"自立自强、自信自爱"得以进一步强化;认真对待每次图书上架、整理,搞好每一次卫生清洁,值好每一次班,"爱岗敬业、认真负责"在潜移默化中扎根;大集体中,组员向小组长学习,小组长向大组长看齐,大家相互帮助、相互支持才能使图书馆的各项工作顺利完成,"团结协作,友善真诚"在相处中驻足心底。甘锦良同学说:"虽然我在图书馆工作的时间还不长,但已经学会了许多对我以后生活极其有价值的东西,那就是应该珍惜时间,在工作中应尽职尽责,应不断地向老师、同学学习,以及培养相互合作的精神。"张文杰同学说:"图书馆勤工求学让我学会了很多很多……它不仅对我现在的大学生活有极大的影响,更重要的是对我的人生之路有着永远的启迪和帮助。"

(二)学生学习各种操作技能,"自信"长住心里

在工作中,同学们既学会了相应的操作技能,又在与老师、同学的相处中学会了为人处世,开阔了视野,不断提高自信心。学生为完成工作任务,按照操作规划认真执行,使自己变得严谨;为提高工作效率,积极创新,使自己不断提高;迷茫时,同学的帮助、老师的指导,使自己豁然开朗;困难时,同学的陪伴、老师的关心,使自己变得坚强。正如徐怡晨同学所说:"辛勤的付出必然换来秋天的硕果。在工作中,我的积极乐观、乐于助人赢得了很多真挚的友谊。通过自己的努力,在大一的第一个学年里,我成绩优秀、工作突出,用行动给自己的青春交上了一份满意的答卷。"

(三)学生实践中体验"爱的教育","感恩"扎根心灵

"知·行"计划的实践改变了传统济困助学工作中的一些弊端。例如,以往在实际工作中曾经出现过受助学生觉得钱来得容易,将助学金用于高档商品

消费，以满足自己虚荣心的案例。通过项目的平台激励受助同学，让他们通过自己的劳动获得报酬，以己之力奉献爱心，助人自助，在工作中收获自信心，由单向的济困助学工作向爱心互动、激发感恩转变。"知·行"计划在传递爱的情谊的同时，培养了大学生爱的能力，让受助者有尊严，让助人者有成长，真正实践了爱的教育。伍源霞同学说："我不敢说图书馆成就了我什么，但是图书馆确实改变了我很多。有一天，我会离开这所学校，离开我最喜欢的图书馆，离开我最爱的老师、朋友，但是关于图书馆的一切依然留在我的日记本里，刻在我心里。"

参加"知·行"计划的同学通过自己的劳动，为全校学生提供干净、整齐的借书、阅读、学习环境，这是一种奉献，也是一种爱心传递。在项目中成长起来的学生，他们自强不息、不断进取，不仅在工作中表现优秀，还在学习、生活中成为表率。他们之中有身残志坚、自强不息的典型，也有感恩回馈、捐资助学的榜样，这给我校乃至整个社会都传递了正能量，更是对我国社会主义核心价值观的精彩演绎。

作者：周海英、张智、谭敬康、唐嫦燕、许丽珍、曾鸿燕
单位：广东工业大学

舍友伴我行

"舍友伴我行"大学生心理成长小组计划致力于创设宿舍成员沟通交流的平台，有利于大学生舍友们敞开心扉、相互分享，自助互助、共同成长，"同一屋檐下，共撑一片天"。

项目运行遵循促进大学生心理健康发展的互惠模式，以广州大学的学生工作队伍为项目实施主体，以每个学生宿舍的大学生为项目实施对象，项目时空贯穿一至四年级全体学生的宿舍学习和生活。

项目运行组织架构为：广州大学心理协会（由学校心理辅导中心老师指导）—心理协会学院分会（由学院心理工作站老师指导）—班级心理委员—宿舍心理保健员—宿舍成员。

"舍友伴我行"大学生心理成长小组计划分为一年级6个规定主题小组活动、二至四年级由学生根据发展需要自选4～6个主题小组活动，纳入《大学生心理健康教育》课程的实践教学环节，宿舍每个成员通过课程培训后轮流主持小组主题活动，包括提出小组活动计划书、按计划实施小组活动、填写活动记录板和意见表、撰写活动总结报告并按规定提交学院学校心理卫生协会，每个学生按要求完成后才可获得1学分。

广州大学采取了课程考核、干部考核、班级评优、项目评奖和系统培训五个措施保障项目小组活动的落实。"舍友伴我行"大学生心理成长小组计划自2011年试点实施以来大受学生欢迎，目前已覆盖广州大学在校6000多个大学生宿舍，实现了"携手同行、你我共享、助人自助、共同成长"的目标，取得了比预期更好的效果。

一、项目名称

"舍友伴我行"。

二、项目理念

开展"舍友伴我行"大学生心理成长小组计划，以宿舍为单位，致力于创设宿舍成员沟通交流的平台，有利于大学生舍友们敞开心扉、相互分享，自助互助、共同成长。

（一）"舍友伴我行"成长小组项目背景

2004年中共中央、国务院颁布的《关于进一步加强和改进大学生思想政治教育意见》十分重视大学生宿舍人际关系，是加强和改进大学生思想政治教育的重要途径。大学生舍友关系即大学生宿舍人际关系，指的是在宿舍这一特定的时空环境中，大学生宿舍成员在共同的学习、生活中结成的以精神关系为主要内容，以语言、思想、知识、情感为媒介的关系。

宿舍成员之间的互动交往对青年人的人际交往观及行为选择会产生不可忽视的影响，其影响力甚至超过父母和教师。在舍友交往过程中，彼此间行为取向的认知和思想观念的沟通成为经常性活动，生活背景在其中得到充分表现和交流。群体的价值观念和行为模式也在直接和间接的人际传播中相互影响和渗透。

大学生宿舍人际关系作为一种现象，有形成和发展的过程，表现出阶段性的特点。姚本先把大学生宿舍人际关系的形成和发展大致分为孤立期、同化期、形成期和发展期四个阶段。石晓松认为大学生宿舍人际关系是由松散体过渡到联合体，然后通过质的飞跃转化为集体。陈青萍将大学四年的宿舍生活分为四个心理适应过程：大一为纠纷磨合期，大二为调整选择期，大三为平静稳定期，大四为融洽依恋期。

大学生舍友人际关系有其特定的心理社会因素。李林英在个案报告中指出，缺乏自我表露是导致当事人宿舍人际关系紧张的重要因素。孙西军认为，心胸狭窄、自私自利、目中无人等不良道德行为品质是造成宿舍成员间排拒的主要心理因素。岳庆利、杨荣发现，成员间的沟通和理解是降低宿舍人际交往压力的重要手段。庄国波等认为，自傲和自负、自卑和自馁心理，嫉妒和嫉恨心理，以及猜疑和多疑心理，是引起不良人际关系的心理社会因素。李宏翰认为，人际关系心理问题比宿舍人际交往方面的行为问题更微妙，对大学生的不良影响也更突出。肖建伟的相关研究表明，人格、宿舍人际关系均会影响大学生的心理健康。

（二）"舍友伴我行"成长小组需求评估

学生宿舍人际关系是大学生人际关系的重要组成部分。小小的宿舍是大学生最直接参与的人际交往场所，也是衡量大学生人际交往能力、心理健康和为人处世的一杆标尺。人际关系是大学生面对的最苦恼、最难适应的问题。大学生宿舍是学生最为集中、滞留时间最长的社区，是学生生活休息、思想交流、信息沟通、情感传递的主要场所，是大学生人际关系建构的重要阵地，但也是人际关系紧张的高危地带和主要矛盾的集散地。相关研究发现,那些生活在没有形成良好、合作、融洽的心理氛围的宿舍关系中的大学生,常常显示出压抑、敏感、自我防卫及难以合作的特点。而有同伴关系融洽的宿舍生活的大学生,心态则以欢乐、注重学习和成就、乐于与人交往和帮助别人为主。例如,大连理工大学的"学霸"寝室的四人共获得117项校级以上奖励,全部被保送研究生,他们把寝室当作家,相互帮助、相互扶持,成为校园"传奇"。因此,宿舍小组凝聚力的建设有助于大学生建构良好的人际关系,学会团队合作,起航快乐的人生之旅。

2011年4月针对广州大学的1500份学生抽样调查显示,超过一半的学生对宿舍内部的人际关系不满意。这并不是广州大学一所学校所独有的,高校宿舍已成为大学生矛盾集中爆发地。调查结果还显示,95.2%的学生宿舍内发生过矛盾,矛盾来源于水电费等金钱问题、寝室卫生问题、生活习惯不同、作息时间不一致、关于某事意见不合等,其中,水电费等金钱问题和寝室卫生问题占较高的比例。大学生感到困扰的主要问题之一是如何处理好舍友的人际关系。大学里对人改变最大、影响最深的就是朝夕相处的室友。处理好寝室关系的一个重要因素就是加强舍友之间的沟通,学会相互理解和接纳他人。毕业后回忆起几年的寝室生活,宿舍将是一个值得回忆的温暖小窝,四年的大学经历也将随之闪烁着光芒。

2011年9月,《广州大学关于进一步加强大学生心理健康教育的意见》要求学院成立心理工作站,在每一栋舍区设立"心情驿站",每个班级设立心理健康委员,每个宿舍设立心理保健员。因此,心理中心和学院心理工作站携手,在"心情驿站"和学生关怀教育中开展"舍友伴我行"大学生心理成长小组活动,帮助学生走好大学生涯每一步,形成宿舍小组凝聚力,学会处理良好人际关系,学会团队合作。

三、项目运作

(一)"舍友伴我行"成长小组组织架构

(1) 小组名称:"舍友伴我行"成长小组。

(2) 小组性质:学习、自助、互助、成长。

(3) 小组规模:由宿舍6~8名成员组成。

(4) 开展的频率和每次活动时间:每月开展1次,共6次;每次60~90分钟。

(5) 开展的地点:宿舍或户外拓展场地。

（6）小组成员：全体舍友。

（7）小组执行组织框架：下行为传达；上行为上传。

（二）"舍友伴我行"成长小组活动流程

"舍友伴我行"成长小组活动流程如图 1 所示。

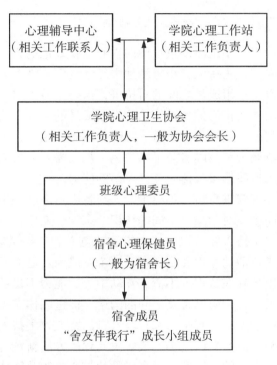

图 1　"舍友伴我行"活动流程

（1）明确活动主题，确定活动主持人。首次为宿舍心理保健员，其余时间由舍友轮流担任。

（2）主持人了解活动流程，与组员商定活动时间和地点，准备活动物资。

（3）单元活动开展，根据活动流程完成"舍友伴我行"成长记录板。

（4）活动结束，小组成员当场完成"参加者意见表"。

（5）活动结束后，活动主持人完成"单元活动总结报告"，并于 24 小时内将计划书和总结报告的电子版发至班级心理委员处。

（6）班级心理委员完成"单元活动班级开展情况记录表"，并于活动结束 48 小时内将其连同计划书、总结报告的电子版发至学院心理卫生协会。

（7）学院心理卫生协会活动负责人完成"单元活动学院开展情况记录

表",并于活动结束 72 小时内将其连同计划书、总结报告的电子版发至学校心理卫生协会。

(8) 学校心理卫生协会负责人完成"单元活动学校开展情况记录表",并于活动结束 96 小时内将计划书和总结报告进行整理,对各学院各班级各宿舍的开展情况进行汇总、评比并及时反馈。

(三)"舍友伴我行"成长小组活动主持人

小组活动主持人是小组活动过程中的核心人物,他的为人处世方式对小组工作的效果影响很大。主持人在小组活动中经常会面临许多问题,如成员的怀疑、依赖、移情以及小组成员之间的对抗等,需要主持人对不同意见持开放态度,敏锐地觉察团体所传递的各种信息,根据成员的个性、表达方法和处事方式,协调成员之间的不同意见和矛盾。同时,还需要主持人根据具体情境扮演朋友、促进者、协调者和鼓励者等不同角色,从而需要主持人不断增强敏锐的自我意识、健康的自我形象、建立良好关系的能力。

舍友和主持人有双重身份,小组主持人与各组员之间是平等、自由和互相尊重的关系。不同舍友对活动有不同的认识、态度、期望、价值观和自身独特的经历,这就要求主持人在认识成长小组活动意义和掌握活动操作的基础上,加强小组成员的成长活动意识和重视度,让舍友成为自己的同伴。在小组活动过程中,当小组组员存在认识度不清、互动中表达能力不足的情况时,小组主持人需要做好小组宣传,协助舍友之间的沟通,促进团体交流,按照小组流程开展工作。在小组活动中,每个人都有其自身的特点,主持人要及时给予组员鼓励,在观察到某个成员有所进步,或解决问题的方法新颖有效时,要及时给予肯定,提高有效方法的运用度,提高成员的信心,改善团体的氛围,增进团体效能。

(四)"舍友伴我行"成长小组实施措施

1. 活动开展方式

"舍友伴我行"成长小组的实施组织是"学校心理协会—学院心理协会—班级心理委员—宿舍心理保健员—宿舍成员"体系,因此,建议学院将"舍友伴我行"成长小组活动设置为"文明宿舍"和优良学风标兵班等评选的必备条件;各学院可不定期地进行"舍友伴我行"的评优活动,加强学生对小组活动的认识。学校心理卫生协会定期进行"舍友伴我行"成长小组的评优活动,对于获得奖励的宿舍,颁发荣誉证书以及生活小物品作为鼓励。

"舍友伴我行"活动开展的通知,可由学院学工办老师或委托心理卫生协会会长通知级长，由级长传达到各个班级。其他相关活动通知由心理卫生协会的同学负责通知各班心理委员。班级心理委员的工作绩效纳入学年度班干部考核之中。

各学院心理卫生协会分会密切关注和跟进宿舍成长小组的开展，及时联络学院心理工作站老师反馈活动情况。各学院心理卫生协会分会负责收集学院各班各宿舍的活动报告，并及时将情况反馈给负责心理卫生工作的学院学工办老师以及心理卫生协会总会。

2．活动鼓励条例

（1）每个单元的活动结束后，班级上交活动计划书、活动总结报告等完整文档的情况，直接影响到该学年度的班级相关评优活动，如优良学风标兵班的申报。

（2）每个单元的活动总结报告一次加综测 0.5 分，每学期最多加 1.5 分，全学年最多加 3 分。

（3）在学期末各班展开内部评优活动时，对于在班级评比活动中获得优秀的宿舍，班级内部可进行相关奖励；同时，本班级可推荐其参加本学院在下学期 6 月初举办的评优活动。

（4）全院评优活动一等奖设一名，二等奖两名，三等奖三名，优秀奖两名。获得一等奖的宿舍加综测 2.5 分，二等奖的加 2 分，三等奖的加 1.5 分，优秀奖的加 1 分。同时，该班级在相关评优活动中分别加 5 分、4 分、3 分、1.5 分。学院评优的宿舍成长小组推荐参加学校的"舍友伴我行"成长小组年度评优活动。

（5）对于获得奖励的宿舍，将会颁发荣誉证书，并设置生活小礼品作为奖励。

（五）"舍友伴我行"成长小组活动方案

以下成长小组活动参考方案主要针对新生设计，二年级以上学生可以根据共同需求另行自定。

单元一：10 月，雅舍相聚——舍友相知；拟定舍名、舍标、舍歌、宿舍契约等。

单元二：11 月，生活自立——月度生活分享；生活理念分享；宿舍生活的共同问题；生活问题的共同解决之道。

单元三：12 月，学习适应——月度生活分享；学习理念分享；学习适应的共同问题；学习适应问题的共同解决之道。

单元四：3 月，人际沟通——月度生活分享；人际沟通理念分享；人际沟通的共同问题；人际沟通问题的共同解决之道。

单元五：4月，生涯启程——月度生活分享；职业生涯理念分享；职业生涯发展的共同问题；职业生涯发展问题的共同解决之道。

单元六：5月，风采展示——宿舍小组成长分享班级主题班会；宿舍小组展示"舍友伴我行"成长手册；分享成长经历。

四、项目效果

（一）实现了心理健康教育体系的全覆盖

"舍友伴我行"成长小组的活动参加者，是宿舍里的每一位大学生，通过"学校—学院—班级—宿舍"层级相叠、"心理卫生协会社团—班级心理委员—宿舍心理保健员"环环紧扣的学生心理健康保健网络，消灭了心理健康教育工作中可能出现的"空白点"，达到学生心理健康教育全覆盖的效果。借助"舍友伴我行"成长小组计划的实施，一方面，完善了学生心理健康教育、宣传、调研、反馈信息一体化途径，创造平台，促使宿舍学生之间加强了沟通和交流，学生的心理健康状况得以上传下达、及时上报和反馈；另一方面，通过每月常规化的成长小组及其他心理健康教育活动的开展，进一步加强与完善了大学生心理健康教育工作网络体系。

（二）提升了心理健康知识的认知水平

通过培训、活动、渗透和反馈等流程，提高了大学生心理健康认知水平。学校心理健康教育与咨询中心仅 2013 年就为每个学院的心理卫生协会干部、班级心理委员和宿舍心理保健员开展了 32 场心理健康工作培训，培训内容包括大学生心理危机预警信号的鉴别与反馈、心理委员及宿舍心理保健员的工作职责以及"舍友伴我行"成长小组工作安排与实施等。参加者的意见表反馈结果显示，93.6% 参加过培训的班级心理委员和宿舍心理保健员能较好地了解心理互助成长小组的活动流程，85.7% 的参加者能较好地理解和认同"舍友伴我行"成长小组的意义。在"舍友伴我行"大学生心理成长小组计划的宿舍心理保健员培训中，宿舍心理保健员体验到心理知识对成长的价值和意义，增强了将心理健康知识通过成长小组的形式惠及每一位同学的自觉性。

（三）增强了舍友心理互助的效能感受

一年级新生"舍友伴我行"朋辈心理互助成长小组涉及"雅舍相聚"、"生活自立"、"学习适应"、"人际交往"、"生涯规划"等各个成长主题。其他不同年级根据差异性，面对大学四年学习生活中可能遇到的诸如宿舍生活的困扰、学习环境的困惑、人际沟通的困难、职业发展的困境等问题，"舍友伴我行"成长小组的成员在宿舍内每个月都有相应的主题聚会，共同讨论生活、学习、职业、人际发展中的问题，互相激励，规划未来的人生图景，不仅强化了集体意识、促进了舍友感情，而且发挥了每个舍友的心理资源和潜能，相互吸取和学习其他舍友的优点和长处，提升了个人应对和解决学习生活问题的能力。在宿舍楼栋成长小组的联合发展活动环节，不同宿舍小组、不同专业的同学融合在一起，相互学习，相互影响，共同成长。从每个宿舍成长小组的活动总结表中可以看到，91.6%的小组主持人（由舍友轮流担任）表示在策划、组织、主持小组活动中受益匪浅，82.4%的小组主持人提倡"舍友们平时应该多点交流跟沟通"、"在活动中吸取大家的经验，扬长避短"等，感受到了强烈的舍友成长互助效能。

（四）畅通了心理危机预防干预的渠道

开展"舍友伴我行"成长小组以来，通过项目活动的开展特别是心理健康知识的培训和心理健康工作的参与，每个学生都感到不仅学习到了有效的心理保健知识，同时也锻炼了个人的能力，学会了学习，提升了社会交往技能，开阔了视野，在各方面都获得了发展和成长。借助"舍友伴我行"成长小组平台，强化了舍友之间的沟通和交流，畅通了学校学生心理危机预防和干预的渠道，项目实施三年以来，通过舍友上报的心理危机预警事件上升了25.2%；而且在心理危机预警事件的处理过程中，舍友的陪伴和疏导发挥了重要的作用。

（五）增强了大学生宿舍舍友的凝聚力

通过"舍友伴我行"成长小组平台的活动，大学生特别是新生的舍友们在友好的氛围中相互沟通、交流，共同出谋划策拟定舍名、舍标、舍歌，协商宿舍契约，等等，将宿舍生活中可能发生的矛盾如作息时间、宿舍卫生、公共水电费等的冲突提前共同协定解决。通过宿舍小组内特定的群体识别特征，宿舍成员很快建立了宿舍集体的归属感，增强了宿舍的凝聚力，同学们纷纷表示"宿舍是个家，人人都爱它"。"舍友伴我行"成长小组开展以来，心理健康教育中心和学院心理工作站联合对宿舍区文化、舍友关系等进行调研，85%参与调查的大学生表示宿舍人际关系和谐，同学之间相互鼓励和关心；82%的大学生认为自己的宿舍有较好的团体凝聚力；86%的大学生认为通过"舍友伴我行"成长小组，学会了如何建立良好的人际关系，学会了团队合作。成长小组的活动运行三年以来，已经成为每个宿舍的常规活动，学生纷纷表示，宿舍更干净了，宿舍关系更融洽了。

（六）形成了心理互助共成长的有效机制

通过"舍友伴我行"成长小组活动的参与、组织和主持，学生获得了自我成长的新途径和新方式。通过成长小组的平台，学生学习到了促使自我成长的知识和技能，积累了丰富的直接或间接的心理成长经验，通过对同伴榜样示范的观察、学习和模仿，将积极的经验迁移到大学生涯的课堂内外、宿舍内外、校园内外，迁移至人生的其他时期和场所，逐渐将心理互助成长演变成个人常态化的心理意识和行为模式。同时，配合大学生心理成长计划开展的心理健康工作培训、心理健康知识系列讲座、心理成长团体辅导体验等心理健康教育活动，形成对心理健康知识和朋辈互助机制的系统化，保证了大学生心理互助共成长常态化的实现，形成了"舍友伴我行"互助成长的有效机制。

五、项目特色

（一）助人自助，建立了促进大学生心理健康发展的互惠模式

"舍友伴我行"大学生心理成长小组计划通过宿舍小组成员与成员之间、成员与小组之间的有效互动，分享彼此的经验、感悟、价值观、问题解决方案，相互沟通、共同协商，满足成员心理健康发展的需求，建立了促进大学生心理健康发展的自助互助、共同发展成长互惠模式。

（二）践行社会主义核心价值观，拓展大学生思想政治教育路径

"舍友伴我行"通过舍友间敞开心扉、相互分享，自助互助、共同成长，实践了追求和崇尚社会主义核心价值观中"友善"的价值取向，践行了"与人为善"、"爱人之心"和"成人之美"，有效地化解了舍友之间的异见与矛盾，拓展了大学生思想政治教育的有效路径。

作者：徐芃、沈洪炎、韩劢、林雪松、邓思清
单位：广州大学心理健康教育团队

旅游精品前线

2002年国务院颁布了《关于大力推进职业教育改革与发展的决定》之后，高等职业教育得到了迅速发展。高等职业教育的目标是培养符合社会和市场需求的高技能人才，其中，如何突破传统教学模式的束缚，寻求更好的教学模式，适合各专业及市场发展的需要，是人才培养的关键。高职旅游教学要突破传统的约束，必须走出校园或引进项目，才能使学生与行业并驱，与市场接轨。旅游精品前线项目充分利用校内外教学与实践环境，成立了大学生创新创业训练基地，使学生在完成一个个实际项目工作的过程中学习。学生通过自主完成生产实践课题或工作任务来构建知识、能力和素质。大学生创新创业训练基地——旅游精品前线于2008年启动，前身是广东轻工职业技术学院旅游系校内创业实训基地——旅游信息服务队。通过校企合作，在院（系）学工管理团队及企业专家的指导下，以模拟旅行社的形式，建立以旅游管理和涉外旅游专业等相关专业的学生进行课堂教学与实际操作为目的的训练基地，开展职业技能训练、职业素养塑造、创业能力培养、社会服务实践等训练工作，达到让学生全方位掌握旅行社业务操作的培养目标，并激发学生的创业热情，培养旅游行业的高素质人才，为高校旅游市场提供更好的专业服务。

一、项目理念

秉承广东轻工职业技术学院"高素质为本，高技能为重，高就业导向，创新促发展"的办学理念，满足高职育人平台升级转型、职业变迁对创新型旅游人才提出的要求，坚持校企合作、工学结合道路；整合学工管理队伍与专业教研室师资，打造项目制"双师型"导师团队；建立实践育人创新创业训练基地，加强旅游类专业实训指导，实践和创新旅游管理人才培养模式，提高学生的旅游专业技能，增强学生的创新创业能力和社会服务能力，提升高职旅游人才培养质量。

二、项目运作

（一）项目主体

广东轻工职业技术学院旅游系、学生处、团委等学工管理队伍、部分专业教研室师资。

（二）项目对象

广东轻工职业技术学院旅游系全体在校生。

（三）项目时空

旅游精品前线自 2008 年启动运作至今，保持了良好的延续性与发展性。2008 年，旅游系旅游信息服务队成立，启动校内创新创业训练工作；2010 年，建立校内大学生创业孵化基地、创新创业训练基地——旅游精品前线，开展创业训练实践活动；2012—2014 年，建立"青苑教学旅行社"，进一步开展广东省大学生创新创业训练项目并顺利结题；2014 年，继续申报广东省大学生创新创业训练项目——旅游精品前线，拓展实践训练空间与范围。项目运行至今，为高校师生及南海地区提供了优质的旅游服务，并为 2012—2014 届毕业生开展创业尝试打下了良好的基础。

（四）项目内容

旅游精品前线开展旅游专业技能训练、创新创业能力训练，面向市场提供全线旅游产品。

1. 旅游专业技能训练

培养旅游管理专业、涉外旅游专业等旅游类相关专业的学生熟练掌握旅行社日常业务工作技能，包括门市接待、销售管理、计调操作、团队管理、客户服务、产品设计等各项业务流程的操作。

2. 创新创业能力训练

开展多元化的实践活动，培养学生创业的软实力：决策能力、经营管理能力、专业技术能力和交往协调能力。在发现问题和解决问题的过程中培养学生的创业素质，学以致用地实施旅游创业活动及社会实践工作。

3. 研发旅游产品，开展生产实践

面向高校及周边社区提供全线旅游产品，包括景点门票、汽车票、火车票、机票、租车、代订酒店、导游服务、线路设计与开发、纪念品销售、安全宣传、礼仪服务等。

（五）项目程序

旅游精品前线的训练内容按项目制方式实施：确立目标→团队分工→项目训练→总结评价。项目流程如图 1 所示。

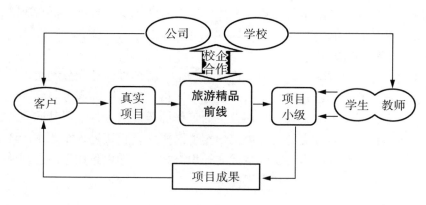

图1 旅游精品前线运作流程

（六）项目支持

旅游精品前线由旅游系、学生处、校团委分别提供支持。旅游系负责业务指导，学生处进行流程审批及管理，校团委对训练基地进行审批及管理。

（七）技术方法

旅游精品前线的项目实施过程中，采用项目导向、虚拟现实技术、问卷调查、专题访谈、案例分析、角色扮演、集体分享、团体讨论、头脑风暴、导师点评、顶岗实践、以赛促学等方法鼓励学生共同参与、推动成长。

1. 项目导向法

充分利用校内外教学与实践环境，设计一系列旅行社实训项目以及生产实践课题，实施"项目导向教学"，使学生在完成一个个实际项目工作的过程中学习。学生通过自主完成生产实践课题或工作任务来构建知识、能力和素质。

2. 案例分析法

项目训练所选案例，均为典型的、具有学生讨论与研究余地的案例，大部分来自旅游企业的真实案例。进行案例分析时，结合具体的教学与生产实践内容开展。首先，指导教师进行案例引导。其次，重点让学生进行自主分析，再以书面作业的形式完成。最后，以小组讨论的形式进行总结。在案例分析中，教师的指导重点放在引导学生寻找正确的分析思路和对关键点的多角度观察上，并及时归纳、点评学生的观点。

3. 角色扮演法

指导教师根据模拟旅行社运行的实际情况，将学生分配到计调、外联销售、导游服务等不同工作岗位，进行角色扮演，设身处地地分析与解决所面临的问题。学生从所扮演角色的角度出发，运用所学知识，自主分析与决策，以提高实际决策的技能。

4. 顶岗实践法

在训练过程中，除了在校内进行教学与生产实训外，还充分利用校外实践基地进行实践教学。首先，学生由企业管理人员带领，跟随服务与管理岗位进行参观学习，现场了解服务与管理人员的工作性质和内容，学习其职业技能方法和技巧。其次，通过交易会、第三学年顶岗实习，直接进入企业生产环节进行训练。最后，结合校内外实践掌握的知识与技能，学以致用地应用到课程教学过程中，提高学生的可持续发展能力。

5. 以赛促学法

在项目训练过程中，指导教师组织学生积极主动地参加校内外各种类型的技能竞赛，以提高学生的学习能力和职业技能水平。例如，参加2013年第七届广东大学生科技学术节之第十二届"挑战杯"广东大学生课外学术科技作品竞赛（高职高专组），获得省级一等奖；参加2013年全国职业院校技能大赛高职组"神州视景"杯导游服务赛项（普通话组），获得国家级二等奖。此外，还参加了辩论赛、创业大赛、职业生涯规划大赛、导游之星大赛等一系列比赛，既丰富了同学们的视野，也提高了学生们的专业知识与职业技能，并有效激发了学生们的创业热情。

三、项目效果

（一）完成了大学生创新创业训练

1. 建立了模拟旅行社运营机制

模拟旅行社的设立一般由校企双方共同完成。校方组成以学工管理团队及部分专职教师为主的校内指导教师队伍，合作企业委任项目负责人成为企业导师，校企双方共同组成项目制导师团队，参与模拟企业的教学与经营管理。主体成员是校内学生，在学习的同时开展创业训练以及实施创业活动。模拟旅行社组织结构如图2所示。

2. 学生熟练掌握了旅行社经营管理技能

与单纯的课堂教学相比，实践能掌握更多更扎实的职业技能。在旅游精品前线基地模拟旅行社的经营管理过程中，同学们亲自参与旅行社各个岗位的实践锻炼，了解、认识、理解、掌握到了计调、外联、导游、门市、电子商务等各个工作岗位上各种专业技能的具体应用，对旅行社的生产经营模式有了深入的学习与实践。

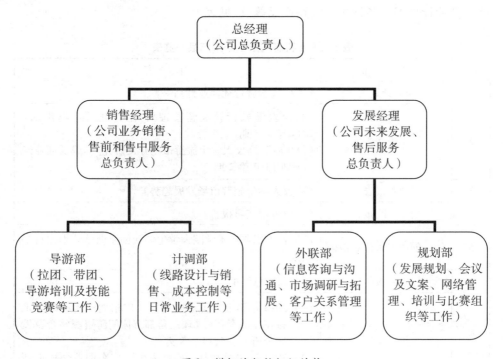

图 2　模拟旅行社组织结构

3. 有效激发了学生的创业热情

在基地模拟旅行社中，学生们都处在模拟企业中不同部门的不同岗位，而每个部门、每个岗位都具有其相应的责、权、利，这使得每一个学生都找到相应的"职业角色"感。因此学生们表示，这有利于团队成员树立明确的职业意识，有效地培养学生的创业创新能力和团队协作精神，掌握了职业所要求的基本技术与能力，熟练使用现代办公设备与技术，不断提高学生的公关能力和社交能力。通过项目训练，学生们的创业热情被有效激发，情绪更加饱满。

4. 坚定了学生旅游行业从业信心

在实施项目的过程中，学生既挑战了自我，也感受到了市场开发的困难与障碍。通过解决一个个生产经营中的问题，学生们对旅游行业的发展更加充满信心，思路更加清晰，同时也更坚定了从事旅游行业的决心与信心。

（二）获得了一系列科研成果及旅游产品

科研成果及旅游产品包括：学术论文、调研报告、省级"挑战杯"竞赛一等奖、佛山南海"中旅杯"导游之星冠军、全国大学生导游技能竞赛二等奖、商业计划书、各种旅游线路产品等（见表1）。

表1 主要科研成果及旅游产品一览表

序号	项目	内容
1	商业计划书	《青苑教学旅行社商业计划书》
2	论文	《高校教学旅行社经营管理研究》，载《市场论坛》2014年第3期 《"90后"高校大学生旅游市场开发研究》，载《商业经济》2014年第2期
3	调查报告	《高校大学生旅游市场发展趋势》
4	企业实践报告	《导游带团实习报告》
5	创新创业训练计划报告	广东轻工职业技术学院大学生创新创业训练计划项目中期报告
6	总结报告	创业训练总结报告
7	比赛成果	(1) 2013年第十二届"挑战杯"广东大学生课外学术科技作品竞赛，《珠三角都市休闲游资源整合及发展分析》获省级一等奖 (2) 2014年"挑战杯—彩虹人生"广东职业学校创新创效创业大赛，《高校大学生旅游市场发展趋势——以广东轻工职业技术学院为例》 (3) 2012年南海"中旅杯"广佛肇高校导游之星总决赛，杨晓敏（旅游信息服务队副队长）获冠军 (4) 2013年全国职业院校技能大赛高职"神州视景"杯导游服务赛项（普通话组），杨晓敏（旅游信息服务队副队长）获国家级二等奖
8	设计旅游线路产品	一日游、两日游、毕业游等产品。如佛山南海影视城一日游、惠州巽寮湾两天一夜游，阳朔漓江、聚龙潭、十里画廊、图腾古道四天游等

此外，在近六年来不断开拓与总结的基础上，以导师团队+学生实践团队为主申报了广东轻工职业技术学院创新强校工程（2014—2016）建设项目《旅游管理专业创新创业育人平台建设研究》，引导师生从实践走向科研，以科研带动实践，推进大学生创新创业训练工作。

（三）产生了重要的社会影响

通过开展项目训练、提供旅游服务等活动，向高校师生塑造了旅游精品前线良好的品牌形象,拓展了校外合作伙伴及市场空间。旅游精品前线与佛山市南海区狮山镇镇政府、和平国旅及羊城之旅等旅行社进行了合作,和南海影视城、南海大湿地公园共同举办了系列活动,有效地扩大了校企合作的范围与空间,提高了学生的社会实践能力,提供了一定的社会服务,为地方经济发展及社区文化建设作出了贡献,产生了一定的经济效益和重要的社会影响(见表2)。

表2 经济效益和社会影响力

序号	项	目	内 容
1	社会影响	区域性比赛 (学校、南海中旅)	2010—2012年南海"中旅杯"广佛肇高校导游之星比赛
		校内比赛	2011—2013年第一至三届旅游线路设计大赛
		区域性活动 (学校、狮山镇政府)	(1) 2013年狮山镇导赏员系列活动 (2) 2014年"绿色骑行,乐游狮山"狮山产业游 (3) 2014年佛山小记者协会暑期活动之广东轻工职业技术学院参观游览 (4) 2014年工业设计展览馆开馆仪式暨导赏员交接仪式 (5) 2014年高新工业馆讲解员培训 (6) 2014年机关人员狮山工业之旅 (7) 2014年12月"狮山最强音"活动
		就业数据	麦可思报告就业数据: (1) 2010届旅游系就业率为96% (2) 2011届旅游系就业率为96% (3) 2012届旅游系就业率为94% (4) 2013届旅游系就业率为100%
		创业情况	近几届毕业生陆续开启创业之路。例如,酒店管理系余冬冬(导游之星比赛校区冠军)在佛山富盈假期旅行社创业;旅游系范俊锋(前旅游信息服务队队长)在广东和平国旅创业;旅游系洪伟斌(前旅游信息服务队队长)在深圳创业;涉外旅游专业纪卓成在广东羊城之旅创业并成为旅游精品前线合作伙伴;旅游系朱辉在广东羊城之旅创业
2	经济效益 (盈利)	出团、礼仪、租车、企业赞助等	2012—2013年度:4350元 2013—2014年度:5825元

四、项目特色

旅游精品前线以专业实践教学为抓手,以旅游管理人才培养方案为核心,注重大学生创新创业能力培养,紧靠行业、企业,整合校内外优质资源,形成校企联动的校企合作长效机制,把工学结合人才培养模式付诸实践。

(一)建立真实的大学生实践育人基地

旅游精品前线通过校企联合模式深入开展创新创业训练教学。一是通过工学结合来建立学生创业训练基地,以此增强专业实践环节;二是通过引进校外品牌旅行社实体企业,提供技术上以及资金设备设施上的援助;三是凭借创业训练活动提高学生的综合素养。

1. 以旅游精品前线为载体,开展职业技能及创业训练

建立省级、校级大学生创新创业训练基地——旅游精品前线,打造新型实践育人平台。以项目训练为核心,采用了校企合作的工学结合人才培养模式以及工学交替的教学模式。

第一,按项目式流程开展教学及实践。规划部安排好每学期工作任务,外联部开展市场调研,形成调研报告,交由计调部设计成适合大学生旅游市场的一日游、两日游、毕业游等产品,然后,外联部进行市场开发与拓展,设计出团线路并安排导游部成员提供导游服务。在实操中进行导游服务礼仪与技巧、导游服务规范、导游带团规范和技巧、导游讲解能力和突发事故处理能力等训练。

第二,教学与经营并重,实训与创业一体。主动向外拓展,服务地方经济,积极与南海区域内各级政府部门及行业组织联合,并吸引省内有实力的品牌旅行社建立合作关系,共同设计、开发旅游产品投向高校及周边旅游市场。在教学过程中注重经营实效,有机融合实践训练与创新创业活动。例如,负责经营管理的学生团队主体在导师团的指导下,以工学结合为主,将专业知识与实践相结合,以《旅行社经营管理实务》准则来经营管理旅游精品前线,为校内外大学生及散客提供景点咨询、包车服务、门票订购、旅游组团服务、导游服务、线路设计等安全、便捷的旅游服务。

在经营过程中,紧密关注市场动态,定期开展旅游咨询会,在春游、秋游以及小假期旅游高峰期前,针对春秋游、部门聚会旅游和毕业旅游,向校内外班级以及周边社区进行旅游产品销售、派发宣传单、介绍旅游产品以及出游的安全问题等内容。根据客服及销售这两个岗位的职能及素质要求,训练学生掌握人际沟通的技巧,锻炼语言组织能力;同时,在实战中训练网络和电话销售技巧，以及社交礼仪、人际交往能力和突发事件处理能力。

2. 以赛促学，不断提升学生专业素养及创业能力

旅游精品前线与政府部门、行业组织、企业联合举办导游之星比赛及旅游线路设计大赛等各种比赛项目，既锻炼了旅游专业学生的职业技能与专业素养，也提升了大学生的旅游安全意识，还有效拓展了旅游市场空间。例如，旅游线路设计大赛主要环节包括：①资料收集。参赛选手可以通过各种渠道，在当地旅游网查找相关资料，充分搜集相关交通、酒店、景点、购物等信息，初步确定所在地范围内的特色旅游线路，线路要突出主题，体现线路设计的原则。②完整的线路设计。指导同学进行实地调研，论证线路的可行性，完成旅游线路设计报告，线路设计要包括旅游的六大要素，更好地掌握旅行社线路设计的具体方法和操作技巧。

（二）规范高校旅游市场

旅游精品前线训练基地的建立，以理论知识为基础，多元化的实践活动为方式，将专业知识与实践相结合，为学院及周边社区提供安全、便捷的旅游服务，并且把旅游当作一种教育，增加大学生群体的安全和旅游知识，更好地为高校及周边社区人群提供全方位的旅游服务。

高校师生通过旅游精品前线出游，能够有效保证旅游安全及产品质量，为高校群体性活动及大学生集体活动提供了一份安全保障。同时也能引导高校以大学生为主体的旅游市场健康、合理、有序地发展，有效杜绝各种违法违规、不合理的私人代理及租车行为，不仅有利于规范高校旅游市场，也有利于高校校园文化建设及管理。

作者：范智军、王小梅、於天、陈志伟、罗木华、李仲妮、王琳霞
单位：广东轻工职业技术学院

参考文献

［1］范智军等. 高校教学旅行社经营管理研究［J］. 市场论坛，2014（3）.
［2］万红珍等. "90后"高校大学生旅游市场开发研究［J］. 商业经济，2014（2）.
［3］范智军等. 2012年度广东省大学生创新创业训练计划项目结题报告［R］. 广州：广东轻工职业技术学院，2014.
［4］甘晓燕，韩颖. "双主体"管理模式下旅游管理实践教学平台的构建——以威海职业学院校内旅行社运营管理为例［J］. 无锡职业技术学院学报，2012（11）.

［5］李强，周其厚. 论校办旅行社与导游专业学生的实践教学——以桂林青葱岁月旅行社为例［J］. 桂林师范高等专科学校学报，2012（4）.

［6］林培玲. 高校生产性实训基地——厦门高校旅行社市场营销环境分析［J］. 旅游纵览，2012（8）.

创 业 源

在就业形势日益严峻的背景下，广东食品药品职业学院食品学院（以下简称"我院"）不断完善"创业源"项目，从 2009 年开始，依托政府部门的优惠政策，引入广州市天河区人力资源和社会保障局下属天河区劳动就业训练中心培训讲师免费为我院学子进行创业培训，培养学生的创新创业意识；组建项目工作室，承接行业企业的项目，由教师带领学生共同研究，提升学生的实践能力；参与省级、国家级各项竞赛，增强学生的创业信心；协助毕业学生创业以带动就业，形成了一条以创业培训为源头、由入学一直延续到毕业后的创业指导服务形式，致力于我院学子可持续发展的服务学生的管理模式。该项目经过五年多的实践，取得了比较理想的成效。

一、项目名称

创业源。

二、项目理念

创新创业教育在激发、调动学生的主动性方面应有确切的着力点，将知识、技能、情感态度和价值观等多方面素质和能力的培养整合起来。由于创业教育具有突出的实践性特征，必须通过实践体验教育来为学生创造体悟直接经验的机遇平台；同时，很多已经固化为知识形态的间接经验和有关创新创业方面的基础理论乃至人类文明成果的传承，仍需要通过知识传授来解决。食品学院"创业源"项目结合社会需要和专业特色，以创业培训为源头，联合政府相关部门共同培养学生的创业意识，既教给学生生存之道，又不忘提升学生追求崇高生活价值的自觉意识，使学生能够在今后的创业过程中善于将创造物质财富与展现人生价值相统一。源者，根源、源头也。我们希望以创业训练营为基点，以项目工作室为基地，通过带动学生参与省级、国家级创新创业竞赛，直至助力学生创业，形成独有的"创业源"学生管理事务特色。

三、项目运作

（一）项目主体

广东食品药品职业学院食品学院。

（二）项目对象

广东食品药品职业学院食品学院所有在校生。

（三）项目时空

（1）每学期举办一期创业训练营，每期限定在40人以内。2009年开班至今，共11期、400多名学生受益。

（2）2013年启动食品学院项目工作室，教师对学生进行培训，带领学生共同完成与企业的合作项目，从而锻炼学生的实践能力。

（3）每年组织学生参加各项相关竞赛，屡获佳绩。

（4）省级的相关项目为"创业源"的开展提供专业支持。《基于SIYB的高职院校创业教育整体性模式的研究》获得广东省高职教育创业教育教学指导委员会2013年教学改革项目立项（编号：CYQN2013016）；2012—2014年共有四个省级大学生创业项目立项："步步为营"粗粮营养搭配健康饮品店，南瓜宝贝生物科技有限公司，地沟油快速检测试剂盒创业训练计划，食用油安全检测系统创业训练。项目开展为学生提供了大量的创业实践机会。

（5）近年来毕业生创业逐年增多。

（四）项目内容

1. 开办创业训练营，启发学生的创业意识

从2009年开始，本项目协同广州市天河区劳动就业中心开设了创业培训课程，每学期举办一届，为期一个半月。对具有创业意向和创业基本条件的大学生进行创业培训，使之建立坚定的创业信念、掌握创办小企业所必备的知识，提高职业道德，增强法制观念和质量意识，使其成为具有较强创业能力的创业者。对大学生实行具有针对性和实用性的教学，促使他们提高创业素质和创业能力，增强适应市场和承担风险的能力。邀请工商、税务、银行贷款方面的专业人士为学生授课，讲课方式灵活多样，主要是多媒体教学，利用电脑与投影进行课件演示，白板纸、挂纸、小卡片等为辅。

本项目有权威的教材体系——SIYB是国际劳工组织开发的教材，包括产生你的企业想法（GYB）、创办你的企业（SYB）、改善你的企业（IYB）、扩大你的企业（EYB）。

授课教师有相关的创业实践经验，由来自不同领域的专业培训讲师分别传授不同内容。

截至2014年7月，我院组织了11期创业训练营培训班，近400名学生获得由人力资源和社会保障部国际劳工组织中国就业培训技术指导中心颁发的创业培训合格证书，持有此证书创业可获得政府5万元的免息贷款。

2. 组织参观学习，获得成功人士的近距离指导

为帮助学生提前感知、接触企业，了解企业实际发展需求，帮助他们正确定位，项目组带领学生参观安利工厂、益力多乳品有限公司、广州永业食品有限公司等多家企业，参与每年的食品博览会和保健食品展，邀请创业成功人士来校讲座。与企业家们的交流，使学生感受到创业的艰辛与付出，对创业有了一定的思想准备。

3. 成立项目工作室，不断提升学生的专业技能

为了加强对食品类专业学生创新创业能力的培养，提高学生对专业的认同度和相关活动的参与度，作为联系学生、教师、企业的桥梁，项目组通过让学生参与科研项目、企业项目的形式，加强对学生的应用能力、创新能力、创业能力的培养。食品学院于2013年正式启动项目工作室，让食品学子更加了解学院、二级学院的各类课外活动和科普、学术性比赛；同时，创新与企业的合作范围与方法，实现理论教学、学术竞赛、教学实习基地三位一体，从而促进学生实践能力、创新创业能力的提高。

（1）项目工作室启动以来，我院教师利用教学、实训等资源给学生进行了科学研究方法、思考思路等方面的培训，培训项目包括：科技文献检索与识别、科技信息获取；实验仪器操作及实验室规章制度；产品研发流程（实验室部分）；企业新产品研发流程；如何进行科研汇报、论文写作，以及相关竞赛应对方法；等等。

（2）校企对接，师生对接。项目组定期发放《项目工作需求表》，充分匹配师生需求，教师以自身课题带动学生的实践动手能力，学生从自身兴趣出发，参加各项竞赛或者参与到教师的课题研究中。通过参加各种竞赛和科研活动，大大提高了学生的创新意识和实践动手能力，锻炼了学生的观察力、思维力和想象力。

4. 参与各项竞赛，增强学生的创业信心

组织和鼓励专业老师带领食品学子参加各项创业竞赛，特别是"挑战杯"广东大学生创业计划，提升学生的创新创业思维和实践动手能力。

我院通过举行、参加多种形式的创业竞赛，以实践检验、巩固学生在创业训练营培训班和其他形式学到的创业知识，深化我院创业教育。每年，按照学校的统一安排，我院积极宣传、鼓励发动学生参与"挑战杯"创业计划竞赛。每年我院都有至少一支队伍成功进入省级决赛环节，这得益于项目组前期的创业培训，得益于项目组项目工作室运作时师生的积极参与，因为项目组能及时、深入地了解参赛队伍的开展情况和遇到的难题，并予以技术支持，从而大幅度提高了参赛队伍的竞争力。

食品学院"创业源"项目的获奖情况如表1所示。这些奖项的获得，大大增强了学生对未来创业的信心。

食品学院"创业源"项目获奖情况汇总

年　度	获　奖　情　况
2010	"绿色教师"团队获团中央环保大赛全国总冠军、2009年度"中国大学生自强之星"
2011	《绿色食品脱硫剂》荣获第十一届"挑战杯"广东大学生课外学术科技作品竞赛二等奖
2012	1. 第八届"挑战杯"广东大学生创业计划金奖 2. 第八届"挑战杯"广东大学生创业计划最佳CEO 3. 全国职业院校技能大赛高职高专组选拔赛工业分析检验项目三等奖 4. 广东省生化技能大赛高职高专组一等奖、最佳操作奖
2013	1. 《食用油安全速检系统》荣获第十二届"挑战杯"全国大学生课外学术科技作品竞赛三等奖 2. 《食用油安全速检系统》的作品获得第十二届"挑战杯"广东大学生课外学术科技作品竞赛特等奖 3. 《醋蛋抗氧化肽研究》的作品获得第十二届"挑战杯"广东大学生课外学术科技作品竞赛特等奖 4. 《护肝解酒》作品获得第十二届"挑战杯"广东大学生课外学术科技作品竞赛三等奖 5. 第七届广东省大学生节能减排工业设计大赛专科组二等奖
2014	1. 《广州新威岩生物科技有限公司》荣获第八届广东大中专学生科技学术节"创青春"广东大学生创业大赛铜奖 2. 《高效多循环利用校园》荣获第八届广东大中专学生科技学术节"挑战杯—彩虹人生"广东职业学校创新创效创业大赛二等奖 3. 《保健食品行业与高校人才培养调研报告》荣获第八届广东大中专学生科技学术节"挑战杯—彩虹人生"广东职业学校创新创效创业大赛三等奖 4. 《碧海餐厅》荣获第八届广东大中专学生科技学术节"挑战杯—彩虹人生"广东职业学校创新创效创业大赛三等奖

续上表

年　度	获　奖　情　况
2014	5.《从橙皮中提取柠檬油》荣获第八届广东大中专学生科技学术节广东大学生生物化学实验技能大赛三等奖 6."未来星"保健食品行业—专业—就业人才需求分析荣获广东省首届大学生"行业—专业—就业人才需求分析"大赛三等奖 7."箐英荟"食品营养与检测行业—专业—就业人才需求分析荣获广东省首届大学生"行业—专业—就业人才需求分析"大赛三等奖

（五）项目支持

1. 人员支持

"创业源"项目的人员来源于五个部分：一是热心高校创业教育的广州市天河区劳动就业训练的领导和培训讲师，二是关注学生成长的食品学院教师，三是与学校有紧密合作的企业，四是积极参与创业培训和实践的在校学生，五是大胆尝试并有志于创业的毕业生。

2. 资金支持

学校每学期给予"创业源"项目一定的学生活动经费，四项省级创业训练项目也提供了课题经费，企业与教师的横向课题经费也可为"创业源"项目提供支持。

3. 专业支持

项目工作室的运作成为项目开展最有力的专业支持。"创业源"项目由专业老师根据项目进展情况定期进行专业指导。定期发布需求情况表，带动学生参与课题研究。

4. 场地、设备支持

每期创业训练营的开设都有固定教室以及符合教师各项需求的设备配置，学校也为项目工作室配备了专用场地以开展活动。

四、项目效果

（一）参加省级、国家级大学生创业类竞赛屡获佳绩

我院以"挑战杯"竞赛为契机，积极筹备和推选出一系列优秀作品选报给校级、省级、国家级等不同级别的比赛，营造浓郁的创新创业氛围，培养学生的创新创业意识和精神，提升学生的创新创业素质和能力，引领和鼓励学生

敢于创新、勇于创业。2011年，我院学子作品"绿色食品脱硫剂"荣获第十一届"挑战杯"广东大学生课外学术科技作品竞赛二等奖。2012年，我院有3个作品成功闯入了广东大学生创业计划竞赛的最后角逐，"地沟油快速检测试剂盒"喜获金奖、"南瓜宝贝生物科技有限公司"喜获银奖、"广东腾际棕榈保健食品有限责任公司"喜获铜奖，其中，我院学子廖建邦同学是唯一荣获十大"首席优秀执行官"称号的高职学生。2013年，我院3支参赛队伍在第十二届"挑战杯"广东大学生课外学术科技作品竞赛中取得喜人成绩，"食用油安全速检系统"作品、"醋蛋抗氧化肽研究"作品均喜获特等奖，"护肝解酒"作品喜获三等奖；其中，"食用油安全速检系统"进入"挑战杯"全国大学生课外学术科技作品竞赛，获得三等奖。2014年，在第八届广东大中专学生科技学术节"创青春"广东大学生创业大赛中获得铜奖；在第八届广东大中专学生科技学术节"挑战杯—彩虹人生"广东职业学校创新创效创业大赛中获得二等奖1项、三等奖2项；在广东省首届大学生"行业—专业—就业人才需求分析"大赛中获得三等奖2项。

（二）培养了一批自主创业人才

"创业源"项目培育出不少创业精英。据不完全统计，2010年，盘窕凤在贵州开办了一间米粉店。2012年，黄林玉成功开办广州市花都明发纸业纸品厂，专门做食品类包装产品；张郑霖开办佛山市欧莱利装饰材料有限公司。2013年，余炎坤开办深圳市龙岗区平湖万永泰粮油副食经销部。2014年，何德坚开办广州市尚康贸易有限公司。

五、项目特色

（一）互动性

"创业源"项目有政府相关部门、院领导、合作企业、专业教师、学生管理工作队伍全程介入，组织、引导学生参与培训、实践、竞赛、创业。在这个过程中，项目组不断磨合，共同为学生的终身发展摸索出一条适合高职学生的管理模式，创业教育的硕果鼓舞项目组将继续完善"创业源"的模式。

（二）实效性

大学生现在已经成为一个非常主流的创业群体，可是创业成功的并不是很多。诸多失败的经历告诉我们，大学生创业很重要，盲目的跟风或只是根据自己爱好的不切合实际的创业行为却是不可取的。"创业源"紧扣食品类专业的特点，结合学生的专业发展，发挥专业特色，开展从创业意识培养到创业实践能力提升直到助力学生创业的系列活动。

我院毕业生的创业成功经历在大学生中是非常具有代表性的，他们选择的是和专业相关的行业，专业性成就了他们的创业成功。每个想要创业的人都要从自己的实际情况出发，找到适合自己的行业，才能实现事业的成功。"创业源"的实效性，具有较强的示范推广作用。

（三）延续性

创业没有终点，创新没有止境。学生的创业务必要经得起实践的检验，把校园优势转化为社会优势，把人文优势转换为市场优势。"创业源"是为学生创造未来、为社会创造财富。项目组希望通过创办创业训练营，开办项目工作室，在学生中收集创业想法，举办创业大赛，鼓励支持学生创业。整个过程体现了"创业源"项目的延续性，也体现我院的初衷——打造可持续发展的学生管理项目。

创业是渗透于人们生活中的一种思维方式和行为模式，"创业源"正是我院顺应学生创业需要，从而在学生事务管理中所要达成的效果。一方面，学生掌握创业的基础知识和基本理论，熟悉创业的基本流程和基本方法，了解创业的法律法规和相关政策，激发了他们的创业意识，提高了学生的社会责任感、创新精神和创业能力，促进学生创业就业和全面发展；另一方面，借助项目工作室和参加各项比赛，在潜移默化中激发学生的创业精神，为将来创业打下坚实的基础。

作者：于丽平、陈沉奋
单位：广东食品药品职业学院食品学院

参考文献

[1] 国务院办公厅关于做好 2014 年全国普通高等学校毕业生就业创业工作的通知 [EB/OL]. http://www.gov.cn/zhengce/content/2014-05/13/content_8802.htm, 2014-05-13.

[2] 张澎军，王占仁. 作为理念和模式的创新创业教育 [EB/OL]. http://theory.gmw.cn/2013-03/14/content_6995293.htm, 2013-03-14.

益力青春

十年春华秋实，薪火相传。汕尾职业技术学院（以下简称"我院"）外语系"益力青春"学生公益项目在学院各级领导老师的关心和指导下，得到全院师生的大力支持。自2004年项目启动以来，活动内容由单一到复合，项目志愿者由原来的24人到现在的212人，不断受到大学生的支持和青睐。

一、项目理念

"益力青春"响应共青团中央与中国残联的号召，用自己的行动深入弱势群体，实践"奉献、友爱、互助、进步"的志愿者精神，为弘扬中华民族助人为乐、无私奉献的传统美德，时刻关注社会主义精神文明建设，积极宣传献爱心事业，以开展各种志愿服务工作为主，带动广大青年学生本着"关爱弱势、扶贫助残、弘扬爱心、奉献社会"的宗旨，源源不断地为弱势群体送去温暖、献上爱心，努力营造良好的公益氛围，不断增强当代大学生的社会责任感，同时也高度弘扬了人道主义精神。

二、项目运作

（一）项目主体

汕尾职业技术学院外语系团总支、青年爱心社。成员构成以大学青年团员为主。

（二）项目对象

1. 汕尾职业技术学院家庭经济特别困难学生

汕尾职业技术学院的生源大部分来自粤东西北地区，家庭经济困难学生占20%左右，其中不乏家庭经济特别困难的学生。学校发现，有的同学一日只吃两餐，而且一餐仅仅是一个面包或者两个馒头。

2. 市区周边残疾儿童

以残疾人康复中心的儿童为主要对象，兼顾城区福利院2名残疾孤儿。据统计，汕尾市各类残疾人总数约20万人，其中，残疾儿童就有约8万人。

目前，汕尾市学龄残疾儿童义务教育入学率偏低，而教育是改变残疾人生活的重要手段，需要政府和民间力量的共同努力。项目通过对志愿者进行岗前培训，选派我院优秀师范生到市残疾人康复中心为学龄残疾儿童义教，在一定程度上满足了他们上学的需要。

3. 留守儿童

以汕尾城区东涌镇宝楼小学及汕尾"希望家园"（设在新港街道中心小学内）的留守儿童为主要对象。宝楼村是我院扶贫对口单位，村里的青壮年人口基本上是外出打工的，留下老人和儿童守在村庄，这里是典型的留守儿童山村。

4. 孤寡老人

以汕尾城区福利院的孤寡老人为主要对象。虽然这里的老人家已经有福利院的工作人员安排饮食起居，但他们的精神需求在一定程度上是得不到满足的。我院的大学生义工来到这里陪他们聊聊天，带他们到室外活动活动筋骨，正好弥补了其精神的空缺。

（三）项目时空

从 2004 年 9 月开始，项目组就利用学生课余时间，在校园、社区、福利院、残疾人康复中心、乡村困难小学开展活动。

（四）项目内容

"益力青春"项目由"博学互助，爱心相传"、"与你一起成长，关爱特殊儿童"、"关爱留守儿童"和"义工服务队"四个子项目组成，四个子项目既各有特点又相辅相成，形成一个有机的整体，围绕"爱心"两个字展开系列大学生志愿服务活动，诠释了当代大学生"青春阳光、活力向上"的精神风貌，传递社会"正能量"。

1. "博学互助，爱心相传"

"博学互助，爱心相传"项目旨在力争帮助我院家庭经济特别困难学生解除学习、生活中遇到的困难。

（1）建立"博学互助空间"，阅读快乐分享。除了教科书以外，课余时间的阅读学习是大学生获取广博知识、养成良好素质的重要途径。图书馆虽可基本满足学生的阅读需要，但学习的空间和时间难免受到限制，所以很多学生都会自己买些课外书籍阅读。而对于家庭经济条件不允许又特别喜欢阅读的同学来说，这是一笔不小的支出。因此，我院建立了"博学互助空间"。通过举办"薪火相传，知识接力"旧书回收活动，倡议同学们把读过的旧书籍捐出来。将同学们捐赠的书籍按读者类别分为两种用途：一是建设"博学互助空间"，把适合大学生阅读的书籍定点展放,用"以书换书"的形式,让更多的同学分享阅读的快乐;二是创建"留守儿童图书角",将适合小学生阅读的书籍捐给周边小学,为没有图书室的小学建立图书角。

(2)建立"爱心基金",为家庭经济特别困难学生解决燃眉之急。通过举办"爱心义卖"、"爱心商业街"和"废品回收"等活动筹集善款。家庭经济特别困难学生通过申请、审核,可以获得200~1000元不等的生活帮扶金或重病救助金。

"爱心义卖":通过倡议,把大家捐赠出来的物品进行现场拍卖或定价出售,将所得资金划入"爱心基金"。

"爱心商业街":邀请校外企业单位、个体户进驻校园义卖,由商家提供货物,安排志愿者担任售货员,将销售所得利润划入"爱心基金"。

"废品回收":安排志愿者到学院各处室、图书馆、各学生宿舍发出倡议,定时定点地回收废旧报纸书刊、生活用品,将这些东西变卖成现金,划入"爱心基金"。

2."与你一起成长,关爱特殊儿童"

"与你一起成长,关爱特殊儿童"项目主要以"义教"和"与你一起成长"主题活动形式开展。目的是走近残疾儿童,给他们带去知识与力量。

(1)"义教"。组织志愿者到汕尾市城区残疾儿童康复中心和城区福利院进行义教活动。参与志愿者保持在每学期20人左右,分为五支义教队伍,除周六周日外,每天都会有一支义教队伍到康复中心和城区福利院辅导残疾儿童学习。

(2)"与你一起成长"主题活动。活动主要在每年的"六一"儿童节期间开展,活动内容为"六个一",即"一起参观"、"一起玩游戏"、"一起表演"、"一起吃午餐"、"一起看动画"和"一起留影"。这些活动使儿童在积极参与中体验到合作与交往的快乐,也培养了小朋友大胆展现自我的精神面貌,让小朋友学会自立、自强。同时,也体现了当代大学生关爱儿童、奉献社会的优秀品质。

3."关爱留守儿童"

"关爱留守儿童"以建立"第二课堂"和"送文具下乡"的方式,让我院广大青年学生积极投身"坚持科学发展、促进社会和谐"的伟大实践,以艰苦奋斗的优良作风参与志愿服务活动。

(1)"第二课堂"。每学期安排志愿者分赴宝楼小学、新港街道中心小学、盐町头小学、后径小学、继彭小学、园林小学、新楼小学、渔村小学开展第二课堂活动。活动期间,志愿者热情积极、耐心亲和,秉着"双向互动,鼓励为主"的教学方式，让小学生备感亲切，从而主动认真听讲。教学气氛的和谐，也有利于学生们掌握知识和感受学习的乐趣。

（2）"送文具下乡"。将倡议捐赠和购买的文具、书籍送到乡村留守儿童手里，鼓励他们认真学习，将对父母亲的思念转化为学习的动力，树立远大志向，将来成为家庭栋梁，为父母减轻负担。

4．"义工服务队"

多年来，"益力青春"一直坚持一个信念：尽我们所能，关爱弱势群体。目前，能做到的义工服务项目如下：

（1）每月一次到城区福利院看望孤寡老人，给他们带去水果，陪老人聊天解闷，帮他们打理房间；关注老年人身心健康，为老年人介绍一些合理的、健康的生活小贴士；联系医疗机构，为老年人提供免费量血压、血糖服务，引导老年人重视自身身体健康。

（2）组织一支献血服务队，定期协助汕尾血站到汕尾各县区开展义务献血宣传活动。

（3）每天到汕尾市残疾儿童康复中心协助康复师帮助残疾儿童做康复训练。

（五）项目程序

1．项目启动

每学期开学初启动项目，做好项目执行前的准备。因项目主体成员均为青年大学生，流动性大，每年都有一部分成员因毕业或其他原因退出项目，也会有一部分新进成员。故每次项目执行前必须先完善项目团队，任命各子项目组组长，明确组长职责。确定各子项目人数。根据项目策划，做好各子项目计划（含预算），确定项目实施范围。

2．项目执行

当项目启动中要求的前期条件具备时，项目即开始执行。

3．项目监测

对各子项目的实施过程进行跟踪、控制和指导。

4．项目完成

每学期末对项目开展情况进行总结，移交审核。

（六）项目支持

经费支持主要有三种：一是院（系）学生管理经费支持，二是校内外热心人士赞助支持，三是学生社团自筹经费。

场地支持：本校校园、学院周边小学、特殊学校、残疾人康复中心、福利院。

（七）技术方法

1. 宣传动员

召开动员大会，宣传项目意义及取得的效果，吸引更多人参与到项目队伍中来。

2. 培训

对各子项目的成员进行岗前培训。如"与你一起成长，关爱特殊儿童"这一子项目就邀请康复中心的康复师对志愿者进行岗前培训，要求志愿者必须掌握特殊儿童的心理特征，掌握沟通方法，了解康复训练流程，以做出更好地为他们服务。

三、项目效果

（一）大学生参与度高，受益面广

自项目开始以来，组织了志愿者参加"义教"、"义工"达2500多人次，而且每年的参加人次持上升趋势，真正起到实践育人的作用。志愿者在活动前先到汕尾市城区敬老院、残疾人康复中心了解情况。当他们面对那些孤寡老人、被遗弃的孤残儿童和患有脑瘫痪的孩子时，心灵总是被深深地震撼着，更加深刻地体会到当代大学生所肩负的责任。

"博学互助，爱心相传"项目实施以来，通过"倡议捐款"、"爱心义卖"、"爱心商业街"和"废品回收"等活动共筹集善款150605元。其中，为家庭经济特别困难学生本人或家庭大病成员捐款99590.50元；资助家庭经济特别困难学生、留守儿童42人次，共计22480元；为汶川地震灾区、青海玉树地震灾区和西南旱灾地区捐款15289元；为残疾人、残疾人艺术团捐款7534.80元；购买水果、儿童早教书籍、课外书籍、文具等礼品慰问孤寡老人、残疾儿童、留守儿童。

在"益力青春"的帮助下，有三名原本打算退学的家庭经济特别困难学生放弃了退学打算，愿克服一切困难，努力完成学业。22名脑瘫儿童及其家长改变了以往排斥外人的习惯，从刚开始的试探交流，到后来敞开心扉快乐沟通。在做家访过程中，家长普遍反映他们的孩子开朗了许多。

通过倡议捐赠，"益力青春"共收集课外书籍1053册。其中，353册通过"送书下乡"活动赠送给留守儿童；500册捐赠给汕尾城区新港街道中心小学，共建留守儿童"希望家园";200 册放在外语系"博学互助空间",作为学生交换分享阅读之用。

(二)发挥专业特长,参与社会公益

在关注留守儿童的成长的同时,"益力青春"引导和激励我院广大青年学生积极投身"坚持科学发展、促进社会和谐"的伟大实践,进一步发挥我院师范专业特色,走进校园,贴近学生,言传身教,服务社会,在服务过程中"受锻炼、长才干、作贡献",以艰苦奋斗的优良作风参与志愿服务活动。

(三)公益品牌深入民心,关注度高

"益力青春"项目启动以来,先后得到共青团中央、中国残联、广东省人民政府、共青团汕尾市委的褒奖;先进事迹得到汕尾电视台、《汕尾日报》、汕尾党政信息网、中国残疾人联合会网等媒体和网站的关注和报道。

2005 年,被共青团中央评为"百万青年志愿者助残行动"先进单位。
2009 年 4 月,被评为汕尾市"五四红旗团总支"。
2009 年 8 月,荣获"广东省扶残助残先进集体"。
2013 年 12 月,被评为汕尾市"五四红旗团总支"。

四、项目特色

(一)学生互助,创新贫困资助模式

由外语系团总支指导、青年爱心社组织运作成立的"博学互助空间"及"爱心基金",在一定程度上成为我校现行资助政策的补充,是家庭经济困难学生资助的创新模式雏形,具有很强的生命力和巨大的发展前景。

(二)发挥优势,拓展实践育人空间

"益力青春"的志愿者大多是师范类专业学生,也有电子、信息类专业学生。义教、义工服务既是他们学科实践的有效形式,又是服务社会的最佳途径。将大学教育空间延伸到象牙塔外,深入社会进行实践,使青年学生所学知识技能得到实际应用,在服务社会的同时也不会耽误专业学习。

(三)学会感恩,在实践中感悟人生

青年大学生在关注留守儿童、特殊儿童的过程中,深刻感受到父母对子女无私的爱与付出;在慰问孤寡老人的过程中,体会为人子女所应当承担的责

任；在旧书回收活动中，体会中华民族勤俭节约、助人为乐的传统美德。学会从小事做起，从身边事做起，用实际行动感染身边的每一个人，传递每一份爱，感恩每一个人。

五、结束语

外语系团总支、青年爱心社开展的"益力青春"系列志愿服务活动，力争体现我院校园文化建设上的优秀成果。我们不断地进行完善、总结，争取为学院校园文化建设增添活力与色彩，为青年学生提供展现自我、锻炼能力、奉献爱心、提高素质的舞台，让广大师生在参与活动中受到公益活动的熏陶，并形成强烈的情感共鸣，从而积极参与公益活动，热心公益事业。迄今为止，"益力青春——大学生公益品牌项目"已开展了十个年头，我们会汲取过去的经验，取长补短，开拓进取，为社会尽一份绵薄之力。

作者：余长乐、余少伟、陈烈棒、叶素红、吴伟君
单位：汕尾职业技术学院

"五位一体"心灵导航

提高大学生心理健康能力和素质，理应是高校心理健康教育工作的重点。清远职业技术学院（以下简称"清职院"）自心理健康教育中心成立以来，不断探索心理健康教育工作的模式，以课堂教学为主阵地，以主题活动为立足点，力求融合多种形式，贴近学生的心理和生活。主题鲜明、丰富多彩的心理健康教育模式已成为同学们增进人际关系、释放情感和解决问题的平台，在这里，同学们感受到了家一样的温暖和舒适。

"五位一体"心灵导航是清职院深入开展高职院校心理健康实践育人探索研究的成果，它由"媒体宣传、课堂教学、日常咨询、危机干预和主题活动"五大教育模块构成，从多种渠道、多种角度、多种形式、多种主题，以旧带新、以新促旧，全面覆盖学生的学习生活，全面激发学生的自身能力，全面打造学生的心理平台，构建了"面向全体，以预防和发展为核心"的教育模式和理念，在使学生更快适应社会变化、提高心理健康意识、增强就业创业能力、促进身心健康发展等方面起到了积极的作用。

一、项目名称

"五位一体"心灵导航。

二、项目理念

以美国心理学家罗杰斯和马斯洛为代表的人本主义心理学，倡导心理健康教育工作者要"把更多的精力用于帮助健康人，而不是帮助严重患者"，提出了"以学生为中心，强调以全体学生为服务的对象，协助学生充分发挥潜质，使他们成为更完美的人"的心理健康教育理念，从而为发展性心理健康教育理论的提出奠定了基础。1998年，美国心理学家赛利格曼提出了积极心理学理论，强调从积极的层面来研究与探讨心理健康问题，认为心理健康的主要目标是促进个体的主观幸福感，更注重培养人们的积极心理品质，而不仅仅是消极的心理疾病的诊断与治疗。积极心理学的提出，为发展性心理健康教育模式的构建与实施提供了更新的理论支持。

三、项目运作

（一）项目主体

项目以心理健康教育中心专兼职教师、学生社团为主体，包括心理健康教育工作专职教师、各二级学院心理辅导站老师、《大学生心理健康教育》课程专任老师和健心园心理协会干部。

（二）项目对象

清远职业技术学院全校学生。

（三）项目时空

"五位一体"心灵导航以学生在校期为主要工作时空，根据不同阶段的学生采用不同的方式开展教育：新生以课堂教学为主，着重建立新生心理档案，了解新生的心理状况；以主题活动为切入点，引导学生尽快适应大学生活，进行职业生涯规划。旧生以主题活动为主，着重锻炼学生的心理健康能力，提高其自身综合素质；以"以旧带新"为切入点，充分发挥学生的自我管理能力，强调"自助、助人、互助"理念。

（四）项目内容

1. 媒体宣传

不断拓展心理健康知识宣传教育的形式和载体，逐步建立起多渠道立体式的心理健康知识宣传网络体系。例如，学生自主建立的心理健康专题网站，成为清职院学生学习、交流、宣传、普及心理健康知识的平台和阵地。此外，组织指导学生编辑和印发健心园心理协会会刊——《健心园》，充分利用专题讲座、校园广播、橱窗、专题小册子等途径广泛深入地开展心理健康知识宣传，从而不断地丰富和拓展学生的心理健康知识。

2. 课堂教学

清职院成立了专门的心理健康教育教研室，并组织相关专业教师编写了具有高职特色的《大学生心理健康教育》校本教材。本教材以高职高专人才培养目标为导向，突出项目化教学的理念，坚持以大学生现在和未来的生活情境为引入点，强调培养学生的自我探索技能、心理调适技能及心理发展技能。将大学生常见心理问题作为《大学生心理健康教育》教学项目，按照情境引入、问题驱动、定量理论、训练消化、练习巩固、归纳总结为主线，旨在促进大学生的自我调适和发展，贯彻"助人自助"的教学理念。

3. **日常咨询**

组织专兼职教师在上班时间对来访学生提供面谈咨询服务。为充分调动和发挥学生在心理健康教育中的自我教育、自我服务作用，心理健康教育中心从健心园心理协会中选出了3～5名有一定心理学基础，并经过专门培训、有较强责任感和服务意识的高年级同学作为学生朋辈咨询员，在周一至周五晚上接受同学的来访与咨询。中心还在学生生活区和教学区分别设置了心理咨询信箱，接受学生的信函咨询。

4. **危机干预**

（1）开展新生心理普查，建立新生心理档案。采用普查、筛查、追踪、咨询、建档的工作模式和程序，建立学生在校期间的心理档案。

（2）建立学生心理健康汇报制度。为掌握全院学生心理健康的动态发展，随时掌握高危个体的心理状况，清职院建立了学生心理问题汇报制度。每月以班级—所在学院心理辅导站—心理健康教育中心为汇报路径，全面了解学生的心理动态。

5. **主题活动**

（1）以旧生带新生，每年开展"新生心理训练计划"，确保新生安全度过适应期。为加强新生心理健康教育，清职院利用旧生的身份及其在新生中的亲和力、号召力，开展各种形式的新生心理活动，如新生心理普查、心理趣味运动会、新生特色活动等，旨在开展活动的同时，不仅提高新生的适应能力，还提高旧生的心理健康素质、活动能力和综合能力。

（2）每年5月举行为期一个月的全院心理健康教育活动月活动。清职院运用健心园的学生力量，开展心理健康教育活动月，通过心理健康知识专题板报评比、心理健康教育知识板画展、印发心理健康教育知识宣传小报、现场心理咨询与心理测验、心理健康教育专题讲座与团体心理训练、观看评析心理电影、心理健康知识竞赛、心理情景剧表演、心灵故事征文比赛等丰富多彩的主题活动，对全院学生进行心理健康的宣传教育活动，至今已经成功举行十届心理健康教育活动月活动。

（3）利用朋辈咨询员的力量开展团体心理训练。为进一步预防和发展心理健康学生的心理素质，提高他们的心理健康水平，增强社会适应能力，促进个性的健全发展，清职院利用朋辈咨询员的力量在学生中开展团体心理训练。团体心理训练主要以活动的形式对学生进行自我意识、环境适应、学习成才、人际交往、情绪控制等方面的心理训练。以期通过体验的方式来影响人的行为，从而达到完善学生心理素质、提高学生心理能力的效果。

（五）项目程序

1. 新生心理普查，建立学生心理档案

新生进校后，以团体测试、筛选排查和追踪访谈为工作手段，全面了解新生的心理健康状况，排查心理隐患，做到及时发现、及时处理。

2. 以健心园活动为依托，宣传心理健康知识

充分发挥学生社团的力量，举办同学们喜闻乐见的心理主题活动，贴近学生心理生活，达到宣传和教育的效果。

3. 开设《大学生心理健康教育》公共必修课程

分上下两个学期，在新生中全面开设《大学生心理健康教育》课程，共36学时，达到教育部和广东省教育厅相关文件的要求。

4. 开展心理健康教育主题活动，打造学生心理训练平台

上学期开展"新生心理训练计划"活动，下学期开展"心理健康教育活动月"活动，包括心理趣味运动会、心理情景剧、心理漫画、心灵墙、团体辅导等多种形式，给学生提供锻炼心理健康能力的平台，促进其心理健康素质的培养。

5. 建立心理状况月汇报制度，掌握学生心理动态

班级心理委员每月上报《心理状况晴雨表》，实时掌握学生心理动态，定时排查学生心理隐患，做到及时发现、及时处理。

6. 针对性地开展个体咨询和团体训练

除主动求助外，还通过普查和月汇报，在全面了解学生心理动态的基础上，根据动态结果制订个体咨询计划和团体辅导主题和方案，做到有的放矢。

7. 针对特殊学生开展心理干预和咨询工作

发现特殊学生，立刻为其建立特殊学生心理档案，校院两级共同制订辅导方案，定期进行咨询和辅导，确保特殊学生不发生心理危机事件。

（六）项目支持

1. 人员支持

由"学院（心理健康教育工作领导小组、心理健康教育指导委员会和心理健康教育中心）—各二级学院（二级心理辅导站）—学生（学生会团委心理部、健心园心理协会、学生朋辈心理咨询员、班级心理委员、宿舍心理信息员）"组成心理健康教育工作"三级网络"。

2. 资金支持

心理健康教育工作专项经费。

（七）技术方法

1. 项目化教学

《大学生心理健康教育》课程突出项目化教学理念，坚持以大学生现在和未来的生活情境为引入点，强调培养学生的自我探索技能、心理调适技能及心理发展技能。

2. 以职业活动为导向

以职业活动为导向，设置与职业环境相似的主题活动，在情境中提高学生的心理健康能力，切实增强学生的就业竞争力和社会适应力。

四、项目效果

（一）严防心理危机，维护校园和谐稳定

由于心理健康教育工作的全面开展和落实，严防心理危机事件的发生，所以自建校以来，清职院从未发生因为学生心理问题而导致的人身伤亡事故。学院的心理健康教育工作在促进学生身心健康和维护校园和谐稳定方面发挥了重要的作用，并于2012年在广东省心理健康教育与咨询督导检查中获"优秀单位"称号。

（二）全面覆盖教育，预防发展齐头并进

在工作的不断推进中，清职院逐渐建立起心理健康教育体系，一是将《大学生心理健康教育》从选修课开成必修课，从18学时增加到36学时，采用项目化教学模式，教学效果好；二是主题活动覆盖到全部班级，让学生自发组织心理健康活动，在活动中锻炼能力，在活动中自我成长；三是心理普查和心理状况月汇报相结合，不仅排查学生的心理隐患，还显示心理健康教育工作导向，做到预防和发展齐头并进。

2013年，心理健康教育活动月系列活动被广东省高校心理健康教育与咨询专业委员会评为"2012—2013年度5·25优秀项目"；自编教材和相关论文获得"优秀教材"和"优秀论文"称号。

（三）打造心理平台，增进学生沟通交流

依托学生自助组织的力量，建立多元化的心理交流平台，让学生在其中自我探索、自我锻炼、自我提高，充分体现"自助、助人、互助"的宗旨。健心园已经成为清职院众多学生组织中最具活力、最具影响力的群体，连续多年被评为学院优秀社团,并且在 2010 年 12 月被评为广东省先进高校学生社团。健心园网站在 2010 年 6 月荣获广东省高校优秀思想工作网站评选二等奖。

五、项目特色

(一)确立"五位一体"发展性心灵导航模式

"五位一体"发展性心灵导航模式通过清职院心理健康专职教师群策群力,在不断实践的基础上,申报校级应用性思想政治教育课题——《高职院校发展性心理健康教育模式研究》,通过理论研究,进一步提炼和确立了"面向全体,以预防和发展为核心"的心理健康教育工作理念,符合高职院校工作实际,突出了对学生职业能力的培养。

(二)发挥学生的自我教育、自我管理和自我服务作用

清职院建立了广泛、健全的学生心理健康教育组织和学生心理干部队伍:团委学生会心理部、健心园心理协会(6 个分会,总会员数 2400 多人),班级心理委员 267 人,宿舍心理信息员 678 人,朋辈心理援助队员 15 人。这些学生成为清职院心理健康教育工作的主干力量,由于这支力量的充分发挥,广大师生的心理健康意识显著增强,学生的自我意识、情绪管理、环境适应、自主学习和职业发展等基础心理能力有了整体的提升。

作者:冯涛
单位:清远职业技术学院学生工作处心理健康教育中心

参考文献

[1] 黄卫国. 高职院校发展性心理健康教育模式的构建与实施[J]. 中国职业技术教育,2010(6).

[2] 冯涛,黄卫国等. 大学生心理健康教育[M]. 西安:西安电子科技大学出版社,2014.

[3] 樊富珉,费俊锋等. 青年心理十五讲[M]. 北京:北京大学出版社,2006.

[4] 白羽. 改变心力:团体心理训练与潜能开发[M]. 杭州:浙江文艺出版社,2006.

[5] 杨敏毅,鞠瑞利. 学校团体心理游戏教程与案例[M]. 上海:上海科学普及出版社,2006.

[6] (美)沙哈尔著. 幸福的方法[M]. 汪冰等译. 北京:当代中国出版社,2007.

［7］张梅. 心理训练（第二版）［M］. 武汉：华中科技大学出版社，2005.
［8］中国心理卫生协会. 心理咨询师（基础知识）［M］. 北京：民族出版社，2012.
［9］中国心理卫生协会. 心理咨询师（二级）［M］. 北京：民族出版社，2012.
［10］中国心理卫生协会. 心理咨询师（三级）［M］. 北京：民族出版社，2012.
［11］樊富珉. 大学生心理素质教程［M］. 北京：北京出版社，2002.

励志助学 "3＋N"

为落实、执行教育部关于高校家庭经济困难学生管理的工作要求，进一步加强和改进家庭经济困难学生资助工作，完善家庭经济困难学生管理体系，也为每年奖、助、贷评选工作能实现"公平、公正、公开"做充分准备，民办南华工商学院财务金融系（以下简称"我系"）在家庭经济困难学生管理工作中不断追求稳健、细致、长效的目标，逐步建立并形成"济困、扶志、强能"三位一体的助困育人资助体系：励志助学"3＋N"——家庭经济困难学生成长计划。

一、项目名称

励志助学"3＋N"——家庭经济困难学生成长计划（以下简称"励志助学'3＋N'"）。

二、项目理念

自 2010 年 5 月开始，我系将家庭经济困难学生管理工作列为学生工作重点之一，通过相关的规章制度将其深化为一项长远且持久的育人任务。我系注重培养学生自强自立的品格精神，秉承系部以"志存高远、勇往直前、抓住机遇、自强不息"为理念的金鹰文化，该计划旨在勉励学生不畏物质上的困境，像雄鹰一样逆风奋斗，通过自身努力完成学业，并且懂得感恩，在将来回馈国家与社会。在此工作目标指引之下，结合学院博雅教育理念，针对家庭经济困难学生监督、管理与资助等方面的实际情况，逐渐建立并完善成为励志助学"3＋N"项目。

三、项目运作

（一）项目主体

民办南华工商学院学生处、团委、各行政部门、系领导、辅导员、专业课教师、家庭经济困难学生家长、全体在校大学生（包括家庭经济困难学生）。

（二）项目对象

我系评定入库的家庭经济困难学生。

（三）项目时空

2010年5月，民办南华工商学院全体师生在清远校区爱心捐赠树木，助力校园建设，学子们意在盼母校犹如树木般欣欣向荣。以此为契机，我系成立以家庭经济困难学生为主的护林小组，进而形成系统、广泛的助学工作管理团队，制定出对家庭经济困难学生管理、培养的工作计划。经过四年的沉淀，该计划在实践中不断调整完善。

（四）项目内容

1. 工作架构简介

我系家庭经济困难学生管理工作以《教育部财政部关于认真做好高等学校家庭经济困难学生认定工作的指导意见》为指导，根据家庭经济困难学生所在校区及院系特色、专业特性等方面灵活调整管理手段。鉴于学院多校区的实际，我系家庭经济困难学生管理工作有明确的分工，有固定常规的工作程序（见图1）。

基础管理团队如同结实的树干，再根据家庭经济困难学生考核的不同方面，引申出其他不同的参与考核对象，如家庭经济困难学生所在班级班干部、社团干部、同学、室友、老师、家长等相关人员群体，共同承担家庭经济困难学生的培养成长工作。

2. "3"+"N"

励志助学"3+N"计划中的"3"分别指"博学、雅行、思源"三个方面。"N"指家庭经济困难学生所在班级班干部、社团干部、同学、室友、老师、家长等N多个人员，作为参与监督、管理与培养帮助家庭经济困难学生工作的对象。

家庭经济困难学生的管理工作追求的是"公平、公正、公开"，要求做得全面、细致、深入，因此考察维度越广泛、了解程度越深，越有利于接近培养目标。而且我系注重对学生综合素质的培养与提高，将学院"博学雅行"的教育理念贯穿于家庭经济困难学生管理工作之中，致力于帮助家庭经济困难学生在精神上摆脱"贫困"，收获人格上的自尊自信、能力上的自强自立、物质上的自给自足。该管理模式完全符合"济困、扶志、强能"三位一体的助困育人资助体系要求。

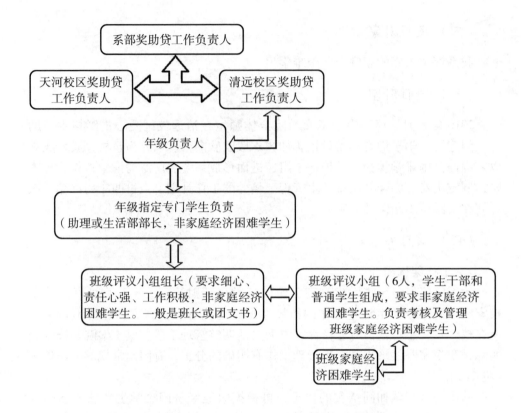

图1　励志助学"3＋N"计划管理团队与运作模式

(1)"博学、雅行、思源"三个方面为参考。这三个方面既是考核家庭经济困难学生的依据,也是我系帮助家庭经济困难学生的具体措施。"博学"主要指学生"德、智"方面,如思想道德、行为习惯、学业成绩、技能水平等;"雅行"主要指学生"体、美"方面,如文体艺术类活动参与度、综合素质体现等;"思源"主要指学生在义务劳动、志愿服务、公益活动方面的表现等。基于家庭经济困难学生素质培养与考核的需要,我系制定《金鹰励志品德测评手册》,手册对已认定入库的家庭经济困难学生有相应的五个方面的记录栏目,作为本学年的博雅素质考察记录本,亦为下一学年"奖助贷"等项目参评提供依据。

第一,"博学"。育人之道,以德为本。我系遵循高等教育的根本使命,坚持贯彻学院的博雅教育理念,同时结合职业类院校学生的特点,重视对学生"德"、"智"双方面的提升。

在"德"的培养上,我系每年利用相关资源,在校内,定期组织感恩教育为主题的会议、心理健康教育活动以及诚信教育讲座等，如每年固定举办的"雷锋月"、"心理健康月"、"相聚金融，梦想起航"系列活动；在校外，组织受资助学生在课余时间赴敬老院照顾老人或到特殊学校帮助智障儿童等公益性活动。学院多次邀请校外名师专家到校举办交流讲座，我系鼓励学生积极参与，帮助学生拓展知识面与提升思想层次。将校内外各种资源相结合、理念教育与实践活动相结合，以提高家庭经济困难学生的思想道德水平及心理素质，使其具备良好的心理状态，应对物质上的困难，同时以客观、理性的态度看待资助资格与名额。

在"智"的考核上，学业成绩具有重要参考价值，个别家庭经济困难学生由于家庭条件受限，对计算机或某些设备器材的应用能力相对较差，影响了总体成绩水平，我系会通过班级互助小组的形式协助他们，同时在条件允许的情况下，开放相应的实验室或提供课室场地，供其练习以提高技能。另外，根据系部专业特色，每年会由专业教师带头组织相关的技能竞赛，以提高学生专业技能的实操水平，进而指导学生参加校外比赛。

第二，"雅行"。有美德才有雅行，有效的教育理论需要结合实践活动才能得以实现并产生长远影响。因此在重视培养"德、智"的同时上，需要落实到学生行为实践的锻炼中。

在"体"的锻炼上，院系及各社团组织每学期都定期不定期地举办一系列的文艺、体育活动和比赛，充实全体师生的学习生活，强化身体素质。学院每年传统活动项目有"南华文化节"、"南华杯"篮球赛等，会被有"金鹰杯"系列运动比赛、趣味运动会等特色项目，家庭经济困难学生参与体艺活动获得相关证书或名次，会被记录且体现在综合测评、评优评先等方面，有效提高了家庭经济困难学生对课外活动的参与积极性，从而达到培养其身心和谐健康的目的。

"美"的表现是多方面的。我系注重发挥学生的榜样作用，在家庭经济困难学生当中亦有综合表现突出的学生。通过多样化的活动形式，如观看励志电影、征文比赛、评优评先等，体现出家庭经济困难学生的优秀品质，从而引导他们用正确的方式对待物质上的难题，并提升学生的认知水平与审美情趣。

第三，"思源"。"思源"即懂得感恩。国家要求院校在落实助学贷款等相关资助政策的同时，要对学生进行诚信与感恩教育。感恩教育已成为高校德育教育的一项重要内容，在"博学、雅行"的基础上注重培养学生的"思源"意识，有长远而深刻的意义。

通过让学生参与劳动、工作等实践，得到领悟感化。实施义务劳动制是我系严格执行的考核手段，不仅让家庭经济困难学生明白"获得必须要有所付出"的道理,同时让其树立尊严,在获得资助时更加心安理得,减少其对外界目光的顾虑。我系于 2010 年 5 月成立了以家庭经济困难学生和入党积极分子为主的护林小组,定期组织其参与植树护林的义务劳动,还实施办公室值班制、设立勤工俭学岗等,每一项劳动都清晰明确地记录在册,由相关部门盖章作证,使家庭经济困难学生更多地通过劳动获得精神与物质上的满足。

(2)发动"N"位人员齐参与。家庭经济困难学生投入"博学、雅行、思源"三个方面努力时,必然会和相关联的人员产生联系、建立关系,因此,通过联合这些人员给出更多参考意见,共同担当培养和协助家庭经济困难学生的任务,远比单一依靠学生工作线上的人员,更能达到"公平、公正、公开"的目标要求,使非家庭经济困难学生知难而退,让家庭经济困难学生明白这项工作的严谨与细致,也令周围人感受到工作上的透明度和自身承担的责任感,这样的管理模式具有放射性的积极效果。

"N"可分为两部分进行:

第一部分是按原来的常规家庭经济困难学生管理工作开展,由学生工作的负责人主动出发,对每位家庭经济困难学生的个人情况都要进行全面的了解。主要从班级干部、社团干部、同学、室友、任课教师、家长入手,通过日常的沟通和观察,对每一位学生进行全方位了解。

第二部分是"N"位人员反向回馈信息。由于记录凭证需要相关人员签字或相关部门盖章,对应的学生干部、老师等会有意识地主动反馈情况,如对该生的工作完成情况、活动表现等作出评定与建议。另外,我系每年对全体学生家长寄出学生在校综合表现评语——"寄给家长的一封信",家庭经济困难学生家长收信后往往会主动联系辅导员,这也有利于深入了解该生的家庭状况。

3. 具体实施考核方法

(1)统一管理。我系对家庭经济困难学生参加活动实行统一管理,指定专人负责。负责人将对学生参加的活动进行考核和管理,并组织参加活动的学生认真填写《金鹰励志品德测评手册》。

(2)双向考核。我系向认定进入学院家庭经济困难学生信息库的学生发放《金鹰励志品德测评手册》,采取一人一册的形式进行登记、考核,即学生参加一次活动后,由活动组织部门进行考核、记载(在登记表上有关栏目内填写活动内容、时间、人数并由经手老师给予评价且签名),每月底将记录表交回奖助贷助理检查汇总。负责人将对学生完成活动的情况进行审核、确定和评定。

(3)考核结果的使用。考核结果将作为下一学年评选国家励志奖学金、国家助学金、金秋工会助学金、金鹰助学基金的必要依据。记录表复印件当附在下一学年各项无偿资助申请表后面,作为优先评选及入党入团的一个重要、合理的参考标准。

(4) 其他。对弄虚作假、伪造活动记录的学生,一经发现即取消下一学年受资助资格。情况严重者,根据学校相关规定给予纪律处分。

"博学、雅行、思源"以公益劳动、语言表达与人际交往、集体活动、参观学习与讲座报告等为主要形式,目的是培养学生的感恩意识,提高其语言表达能力、人际交往能力和乐群性,帮其提高自信心、丰富个人认知,在开展经济资助的同时,侧重于树立个人的自立自强精神,提高个人的综合素质。

四、项目效果

博学启智,雅行促美,思源感恩。励志助学"3+N"计划实施四年来,在帮助家庭经济困难学生管理方面,从原来单一地提供经济资助如金鹰助学基金、物质资源如勤工俭学及就业岗位,逐步过渡到完善对家庭经济困难学生"德、智、体、美"综合能力与素质的培养,使其主动争取,获得人格上的自尊自信、能力上的自强自立、物质上的自给自足。在活动参与人员范围方面,参与家庭经济困难学生管理工作的对象从原来单纯的家庭经济困难学生本人、相关领导、学生工作人员及评议小组,逐步拓展到家庭经济困难学生的班级干部、社团干部、同学、室友、任课教师乃至家长等与之有关的人员。在监督与考核方面,从原来被局限刻板地关注家庭经济困难学生的成绩、消费行为,灵活地扩充到不同层面与领域。有形的活动和工作形式,在无形中让大家共同承担了对家庭经济困难学生监督、管理、培养与帮助的责任及任务,该管理模式不仅更准确到位地给真正的家庭经济困难学生以物质方面的缓解,同时也更有针对性地助其提高综合能力与素质,在整个家庭经济困难学生管理工作上,发挥了良好的循环作用。家庭经济困难学生信息库的学生不存在违纪违规行为,学业成绩基本维持良好等级,更多的家庭经济困难学生争取任职学生干部,而已毕业的家庭经济困难学生将就业资源回馈母校,这些都极大地促进了整个学生管理体系的良好运作。

励志助学"3+N"计划实施以来,家庭经济困难学生管理工作顺利开展之余,还获得了良好成效:"N"的动员功能促使相关人员重视家庭经济困难学生的管理工作,并齐心协力想办法,共同为家庭经济困难学生提供圆梦的条件与资源,并于2010年10月沉淀出重要成果——成立金鹰助学基金。该基金由我系倡导发起,是在师生共同组成的基金管理委员会的管理下设立的专项公益基金。该基金通过系内教师、校友所在企业、毕业生等捐款筹得资金,用于资助系内大二、大三的家庭困难或因家中出现突发事件而无力顺利完成学业的品学兼优的学生。金鹰助学基金的产生为我系搭建了一个延续师生感恩美德的经济平台，广大金鹰学子也找到了回馈母校的渠道。每一届受金鹰助学基金资助的同学在自愿的基础上，毕业时签订承诺书，承诺在自己有经济能力时回报金鹰助学基金，以实现基金的良好运转。

"博学"促进了家庭经济困难学生对学习的积极性，提高其自身的知识与技能水平，因此在参加各类省内外比赛中屡获佳绩，如2012年瑞达期货全国"高校精英杯"期货模拟大赛年度个人总冠军，2014年全国职业院校技能大赛银行综合业务技能大赛全国一等奖、广东省选拔赛二等奖，第一届"广发证券杯"广东大学生理财大赛季军，第三届"金蝶杯"全国大学生创业大赛广东省决赛二等奖，等等，这几项比赛获奖者均为系内认定入库的家庭经济困难学生。

"雅行"激发了家庭经济困难学生的行动力，让他们更敢于表现自己。2012年3月在天河校区开展"爱于心·践于行"金鹰志愿者行动，持续两周到广州地铁同和中心站做志愿服务，家庭经济困难学生参与比例达86%，在周边社区及院校发挥了一定的宣传作用。

2014年7月，我系部分家庭经济困难学生联合学院思政部老师，共11名师生组成"三下乡"志愿者服务队赴台山市一个贫困山区调研，为村里的土地与人力资源优化配置研究对策。该事件引起社会媒体的关注，被《新快报》于2014年7月29日C08版报道，在社会上引起较好反映。由学生撰写的专题调研报告获"2014年广东农村社会治理调研比赛"三等奖。

"思源"的成效尤为突出和显著，不仅增强了家庭经济困难学生及其身边的学生的感恩意识，还增加了他们的社会责任感：2013年毕业的家庭经济困难学生蔡曼儿同学，由于其自强不息、勇于奋进的精神为公司带来较好的经济效益，其公司在回访学校答谢之时，不仅再次从学院招聘学生，还主动为金鹰助学基金捐助12000元，以资助在校家庭经济困难学生继续完成学业。

我系2012届至2014届的毕业生共筹款2万多元，捐赠用于清远校区樱花林种植养护与金鹰助学基金，将育树与育人的关系进行巧妙融合与展现，也凸显了学生对金鹰助学基金的感恩。

值得一提的是，家庭经济困难学生得益于励志助学"3+N"项目，不仅在校内初见成效，还在社会上产生了一定的影响：我系2009级注册会计师（3）班几位家庭经济困难学生自发组织班上同学成立志愿小组，筹集小额捐款，定期探访清远校区附近一位贫困孤寡老人，探访工作一直传递给下一届注册会计师（3）班的学生，共持续四年，直至老人安然离世，余下300多元款项捐入金鹰助学基金。

五、项目特色

励志助学"3+N"项目是以高校常规学生管理工作中,最基本也是重中之重的家庭经济困难学生工作而建立的申请项目。我系学生管理工作在平稳中求发展,育德育教于点滴细微之中,对家庭经济困难学生管理工作尤为重视,在多年的经验总结与反思中逐渐形成系统、全面的工作程序,经过反复验证和不断改善,将家庭经济困难学生管理工作由原来依靠相关领导、学生工作人员与评议小组完成,扩大到全系乃至校内外的范围。励志助学"3+N"计划目标明确,架构清晰,可操作性强,是"活"的模式:随着国家的资助政策、家庭经济困难学生情况的变化,依照院系实际条件而不断改动和完善。不仅符合国家对家庭经济困难学生的资助政策要求,也顺应了社会对大学生人才素质培养的理念。

民办高校家庭经济困难学生管理工作中依旧存在许多困难,励志助学"3+N"学生工作队伍在学生管理工作上不断探索收获并整理出来的一些想法与措施,尽管实行了四年多,有很多部分依旧需要通过时间验证才能发挥更大的效用。但该工作实施初期已体现出良好的成效,在整体运行模式的目标与方向不变的情况下,我系将灵活调整手段,使工作程序更为合理清晰,并将有效的措施归纳总结下来,形成制度条文保留传承下去,以便将来更好地对家庭经济困难学生管理工作进行引导和梳理。

作者:阎文莉、赵玲霞
单位:民办南华工商学院财务金融系

博雅文训

高校新生入学教育是指引和帮助新生认识高等教育和大学生活特点、认识专业及其发展走向、认识自我和成长的教育途径。大学新生入学教育是学生进入大学后的第一堂课，是高校思想政治教育的基础性工作。如何提高新生入学教育的针对性和有效性，不断提高学生的综合素质，是高校亟须解决的关键问题。

"95后"大学新生思想活跃，主体意识、自我意识较强，个性张扬，他们的信息获取方式更多样化，但对民族文化认同感不足，独立自主能力、人际沟通能力较弱，高校需要在入学教育上作出各种调整，采用各种符合时代特征，又不乏道德、理想与文化熏陶的入学教育方式，在大学生活之始就给学生们树立起正确的人生信念和价值观。基于这样的出发点，广东岭南职业技术学院（以下简称"我院"）将多年坚持的博雅教育特色与实践育人的学生工作理念很好地渗入了新生入学教育全过程，于2014年新生入学教育中尝试开展博雅文训这一教学实践，为高职院校立德树人、育人成才，提高学生人文素养，促进学生获得全面发展的研究道路上进行了一次全新的探索。

一、项目名称

博雅文训。

二、项目理念

博雅教育（Liberal Education）自古希腊时期诞生以来，一直因其极具人文特色，对大学精神的塑造与弘扬、对健全人格的形成有着重要作用，而在整个教育史上有着深远影响。"博"为广博的知识，"雅"为优秀的个人素养。博雅教育不仅注重广泛深入的人文、社会和自然知识的跨学科教育，更着眼于对学生的人格教化与思想塑造，培养远大眼光、通融识见、具有新时代优美情感与高尚精神的人。国内高等教育界、部分高校都加强了实践探索博雅教育在我国实施的创新路径与策略，尝试研究渗透中国文化元素的博雅教育改革。

由广东岭南职业技术学院提出的"文训"一词是与"军训"相对而生的，可以解释为人文素养教育的训练与实践。文训秉承博雅教育理念，以中国传统文化为内核，以《弟子规》、太极、礼仪修养、健康养生、感恩及安全避险的课程体验为载体，结合军训，开创了别开生面的大学第一课。使新生通过自省修身逐步转变人生角色，形成知行合一的人文素养，打造全新的入学教育体验，创造师生共守礼仪的校园新风尚。

三、项目运作

（一）项目主体

广东岭南职业技术学院学生事务中心、博雅教育中心。

（二）项目对象

广东岭南职业技术学院全体大一新生。

（三）项目时空

广东岭南职业技术学院自2007年开始探索本院博雅教育之路，提出"全员博雅"的建设目标，塑造师生员工博雅风范。在实践中注重以中国优秀传统文化为内核的博雅教育对学生"润物细无声"的熏染和塑造作用，开展一系列内容丰富、形式新颖、学生喜闻乐见、博雅色彩浓郁的主题教育活动，引导学生将国学知识身体力行地贯彻在学习和生活中。2013年起尝试将传统文化教育尤其是国学教育与入学教育相结合，通过体验式的文训课程与军训相结合的方式，打造入学教育新体验，受到师生的一致好评。

（四）项目内容

1.《弟子规》——启读《弟子规》，先习诚信之可贵

"凡出言，信为先。"课程以《弟子规》中的诚信篇章为切入点，旨在于教学实践中引导学生认知诚信品质的可贵，从而倡导学生以诚信的态度面对即将开始的校园生活及将来的社会工作。

2.《太极拳》——起舞弄太极，悠然养心性

课程分为理论学习和实践学习两大部分。理论部分由教师从太极拳历史由来及其修身之道进行讲授，结合太极十六式的实操学习，带领学生体验太极拳修身养性的作用。利用太极拳含蓄内敛、以柔克刚的特点及其对于品德修养的要求，让学生在增强体质的同时提高自身素养，去领悟提升人与自然、人与社会和谐共生的重要性。

3.《大学生礼仪修养》——赏析传统礼仪之美，践行现代礼仪之用

课程在学习礼仪文化内涵的基础上，引导学生去体验和践行礼学的真谛，配合《校园文明礼仪公约》（又称"岭南八礼"），规范自身在校园内外的行为，知行并进，进而崇礼尚学、彬彬有礼。

4.《感恩教育》——虔诚感恩、唤醒幸福

课程从向学生阐明生命的真谛出发，教会学生去感恩这个创造他们生命并缤纷他们生活的世界，旨在使学生怀着一颗幸福的心去体验十八岁之后的生活，让学生们日后的人生更加美好。

5.《健康养生》——正确健康养生，享受美好人生

课程从健康的新观念入题，让学生明白健康养生的重要性和迫切性，进而通过对基础养生知识的宣讲，使学生掌握自我健康测评和自我健康管理的方法。

6.《安全与应急避险》——提升安全意识，掌握基本逃生技能

课程通过模拟大学生常见的突发性事件场景，培养学生的安全防范意识，指导学生熟练掌握基本急救逃生技能，锻炼学生在面临危险时具备创新应变的能力，做到临危不惧，在危难关头能够成功自救。

（五）项目程序

1. 第一阶段：组织统筹阶段

（1）成立工作小组。由博雅教育中心牵头，联合学院学务部、教务部等多个部门共同开展新生博雅文训工作。选拔模块课程负责人，拟定新生文训课程计划，编写授课大纲。

（2）建立博雅讲师团。从全校各相关专业优秀教师与学生工作者中筛选出70位老师组成文训讲师团，分模块分组多次开展集体备课和试讲。通过不断地互评、修改、导师示范，逐步明确文训教师授课规范、课件设计、课堂互动等多层面要求。同时与军训教官团队取得共识，对军训与文训的结合形式与职责予以确定并形成《军训文训工作手册》。

（3）确立文训课程标准。在新生入学前一周，文训讲师逐个进行最后试讲，重点检查文训教学准备与效果，并制订文训课堂流程、师生礼仪规范、课堂评分标准等，最终确立了一套较为严谨的博雅文训系列实践课程标准。

2. 第二阶段：实践阶段

（1）宣传工作。自新生入学起，在校园各宣传平台对新生文训进行全方面宣传推广，营造出良好的博雅氛围，让新生提前了解文训的课程信息。文训期间，每日通过微信、微博等新媒体平台推送当天文训实况，有效扩大文训宣传的覆盖面和强化文训教学效果。

（2）合理授课。在军训期间，由70名教师组成的博雅讲师团与5000多

名新生，在14天的时间里，完成了《弟子规》、《大学生礼仪修养》、《感恩教育》、《健康与养生》、《安全与应急避险》等六门课程共704课时的学习。同时，以老生带新生，开创了每天一小时集体晨读《弟子规》、晨练太极拳的盛况。

3. 第三阶段：总结阶段

秉承"以学生为本"的理念，文训结束后及时召开新生文训总结大会，邀请新生代表和全体文训讲师团老师出席。师生共同参与研讨，针对文训每个环节进行细致深入的座谈讨论。每位新生完成一篇文训心得，对参与文训的感受以文字进行表述，最后汇编成册，编订《文训心得集》。

（六）项目支持

1. 制度保障

广东岭南职业技术学院在2007年开始全面推进大学生博雅教育，明确提出"全员博雅"的建设目标。2010年制定了《广州岭南教育集团博雅教育实施方案（2010—2012学年）》（岭集字〔2010〕65号），开始基于博雅理念系统规划校园文化建设内容及项目。2014年借力省示范校培育期建设，学院举办方广州岭南教育集团特别印发《广州岭南教育集团博雅教育实施意见》，从岭南集团办学特色出发，高度认识和推动以博雅教育为基础的校园文化建设。形成博雅教育课程和博雅实践活动两大体系，打造基地，按国学教育、公民教育、成长教育、科学素养教育、健康教育、艺术教育、志愿服务等七大模块规划建设内容，使博雅文训工作有了明确的制度保障。

2. 组织保障

我院博雅教育工作有完善的组织保障，学院成立博雅教育领导小组，设立职能部门博雅教育中心，面向全体教师选拔组建七大模块小组。这三个层次的运作方式形成了全面贯彻落实博雅教育的组织架构，有利于制定和实施博雅文训工作方案，研究解决各类问题，同时组织实施各项调研论证与评价考核工作。

3. 文训讲师团队

文训有来自各专业杰出教师与一线学生工作者通过筛选组成的文训讲师团，结构合理科学。讲师团着重研讨博雅实践育人具体方案的实施，同步针对教师风貌、课件设计、课堂氛围等多个方面进行完善，为博雅文训系列教育实践课程体系配备一支理论水平高、教学战斗力强的师资队伍。

4. 专项经费

学院把博雅教育纳入年度预算，从学费收入中列出一定比例，作为博雅教育改革与实践的专项经费。博雅文训作为我院博雅教育的重要教学实践，同样有专项经费保障。

四、项目效果

（一）集中体现了社会主义核心价值观在个人层面的基本规范和要求

爱国、诚信、友善等社会主义核心价值观是德育工作的根本向导，为整个文训课程设计指明方向。文训从新生的心理和成长诉求出发，与军训共同实现践行社会主义核心价值观的育人作用，涤荡学生心灵，激发学生的爱国主义情怀。

（二）唤醒了新生对传统文化学习的认同

学生通过文训课程学习，深刻理解到了儒家的孝道、诚信和仁爱文化，文训结束时均达到背诵《弟子规》的教学效果。此外，新生还通过健康养生课程与太极拳练习，掌握了杨氏太极十六式，纠正了错误的健康习惯，形成了较科学、正确的养生理念。文训课堂外，许多新生主动积极地与授课老师探讨国学文化、传统礼仪、中医养生知识，并在文训总结座谈会中迫切希望博雅教育能够持续下去，并增加书画、民间手工艺、民族器乐等传统文化学习课程。文训让新生重拾学习传统文化的热情。

（三）实现了博雅教育从课内延伸到课外，知行并进

通过文训中对师生礼仪行为规范、上下课流程、环境清洁标准、践行"光盘行动"等博雅精神理念的宣讲与体验，新生践行了良好的校园行为礼仪标准。例如，在校园遇师长时能主动行礼问好；在食堂进餐时能自觉"光盘"，在文训总结大会上真诚感恩师长在军训、文训期间提供的帮助，等等。使得课堂教学效果延伸至课堂外，达到了博雅教育知行合一的目标效果，师生共同创造了和谐融洽的校园氛围。

（四）提升了全校范围对博雅教育概念的认知

由于文训课程设计综合了多种学科知识，其师资力量也来源于全校各院系的优秀教师，通过文训教学的开展，将博雅教育的理念有效地贯彻在学院各部门的各项工作中。同时，通过校园各宣传平台对文训六大博雅课程的广泛宣传，使"博雅"成为校园热门词汇，从而外延至专业学习、职业素养的修炼，

将博雅理念与培育健全的人格、促进个人全面成长更加高度地进行融合。

五、项目特色

（一）首创军训文训结合，"文""武"兼修促成长

博雅文训与军训结合交叉进行，相互促进、相辅相成，有效避免传统军事训练内容单一、人文关怀不足的问题。以军训的军事化训练与管理，保证文训项目严谨性、规范性地实施；以文训的人文情怀与文化熏陶，促进军训在精神层面、内涵修养的提升与丰富，达到"文""武"兼修的效果。

（二）优质文训讲师团，结构科学合理

组建成2014年博雅文训讲师团的老师共64人，以中青年教师为主，其中副教授职称1人、讲师职称24人、专职教师18人、德育教师等46人。团队中既有工作在学生工作一线，与学生接触较多，对学生思想动态、学习状况和需求有较为深入了解的辅导员；也有"术业专攻"、理论知识渊博、教学与科研经验丰富的专业教师。教师的层次分布广，结构科学合理，并相互补充，形成合力优势，保证博雅文训的科学性和可行性。在推进文训工作的同时，教师之间相互学习、共同提高，实现了双赢。

（三）提供课程多样全面性，锻炼学子学识情操

目前大多数高职院校在开展新生入学教育时，一般包含安全、校规校纪、爱校、专业、心理健康、职业生涯及军事训练等内容，普遍采用大课、大会、班会等形式，入学教育的组织缺乏系统性，方式缺乏互动性，内容缺乏针对性。博雅文训针对这一情况，改变课程内容和课程讲授形式，在新生入校教育中融入中华优秀传统文化以及现代社会需要的生活技能，扩大了课程教育影响的覆盖面，增强了课程的实用性。课程中包含的许多实操性环节，使得学生能够参与其中，提高了主动性和积极性，教学效果更为明显。

六、项目下一步计划

博雅文训是广东岭南职业技术学院一项重大的教育教学改革，它体现了一种创新的博雅精神，也是博雅教育实践育人的重要内容。让学生在入学之初即通过文训的全新体验，奠定、形成良好的为人处世态度、修身养性的健全人格，追求卓越的大学成长目标的基础，是学院长久坚持博雅教育特色办学的目标与愿景。广东岭南职业技术学院将在现有的基础上，立足于学生人文素质现

状,秉承"博学雅正,业专技精"的育人理念,按照课内与课外相结合、理论与实践相结合、知识与能力相结合的原则,进行博雅专项校园文化建设项目。到2016年基本建成博雅教育一大基地(博雅教育实践基地)、两大体系(博雅教育课程体系和博雅教育实践活动两大体系),初步形成博雅教育品牌,打造出具有岭南特色的校园文化。

作者:张丹、卜佳锐、陈晓业、熊雨田、彭凯彬
单位:广东岭南职业技术学院

参考文献

[1] 沈文钦. 从博雅到自由——博雅教育概念的历史语义学分析 [J],清华大学教育研究,2013(1).

[2] 杨福家. 博雅教育 [M]. 上海:复旦大学出版社,2014.

[3] 顾友仁. 中国传统文化与思想政治教育的创新 [M]. 合肥:安徽大学出版社,2011.

[4] 曲云进,姜松. 大学新生入学教育的实效性问题研究 [J]. 高校教育管理,2009(3).

[5] 容中逵. 论大学传统文化传承不力之课程因素 [J]. 大学教育科学,2008(2).

[6] 魏铜铃. "以人为本"视阈下的大学新生入学教育研究 [D]. 重庆:西南大学,2010.

[7] 王翔. 高校新生入学教育研究 [D]. 海口:海南师范大学,2013.

[8] 邹小勤. 我国大学生学校适应研究 [D]. 厦门:厦门大学,2013.

快乐成长

一、项目简介

"快乐成长"项目是以北京师范大学珠海分校(以下简称"我校")第一个面向特殊群体的智力帮扶组织——"北京师范大学珠海分校大学生志愿助残服务团"作为活动主体,在珠海市残联的支持和指导下,面向珠海市学龄残障儿童开展的"服务他人、提升自我"公益类智力帮扶与社会服务活动。项目主要以学龄残障儿童为帮扶对象,通过功课辅导、心理疏导、户外活动、参观校园、文艺帮扶等义务性的智力服务,帮助他们树立生活信心,融入社会,在快乐中成长。主观上,在校大学生通过本项目活动积极参与助残志愿服务,能在潜移默化中养成服务他人、关心社会的公益习惯,在具备专业知识、专业能力的同时,也具有了社会责任感和服务意识。

项目自2011年3月至今已开展四年,成效显著,成为我校的品牌学生活动。截至目前,帮扶的学龄残障儿童从最初的8人增至22人;志愿者从开始的一个学院扩展到全校十五个学院(部),从2010级接力到2014级,人数从最初的40人增加到近600人次。服务团和"快乐成长"项目先后荣获珠海市"志愿服务十大杰出集体"和"志愿服务十大杰出项目"、广东省"2013年校园文化建设优秀成果"三等奖、2014年"创青春·挑战杯"广东大学生公益创业大赛铜奖、北京师范大学珠海分校辅导员精品项目一等奖等荣誉;同时,也得到"中国文明网"、珠海电视台、《珠海特区报》等多家媒体的关注报道。四年来的活动实践证明,本项目已为当下高校思想政治教育工作的实效性提供了有益探索,并成为我校实践化育人工作重要且优良的平台之一。

二、项目实施背景及理念

教育部《关于进一步加强高校实践育人工作的若干意见》特别强调:"实践育人是大学生成长成才的必由之路。"北京师范大学珠海分校一直以来特别注重探索应用型人才多元有效的培养途径。从2009年起,我校就对思想政治课的实践环节进行了改革,最终形成了《关于学生自主发展课堂的人才培养改革方案》,并付诸实施。基于此,文学院也在教育教学实践中积极摸索,努力拓展学务工作助力人才培养的思路和途径。在这样的背景下,文学院与珠海市残疾人联合会协作，在文学院大学生志愿者服务队的基础上，于 2011 年 3 月成立了"北京师范大学珠海分校大学生志愿助残服务团"，并确定"快乐成长"项目作为今后服务团多项活动中的重点项目。

"快乐成长"项目的理念与宗旨，对志愿者而言，体现为以课程化的方式，培养大学生的现代公民意识，使之体验和学会服务社会，学会关爱弱势群体，学会理解、沟通与合作；对接受帮扶的学龄残障儿童来说，可通过志愿者细致耐心、潜移默化的帮扶工作，树立正确的人生观，强化对生活的信心，最终真正地融入社会。在一定程度上，本项目也可以发挥引领珠海城市社会文明进步的作用和意义。目前，"快乐成长"项目已纳入我校学生社会服务课程的学分体系，从而使本项目的开展更加有序和有效，并持之以恒。

三、项目实施方法与过程

目前，"快乐成长"项目的运作由志愿助残服务团组成 23 个小组，其中服务小组 22 个、监察小组 1 个。每个服务小组有 8～11 名志愿者，1 名组长；监察小组有 5 人。经过四年来的活动实践，本项目已走过了探索期，并形成了一套规范的操作性强的实施办法。

（一）甄选、培训志愿者

在全校范围内招募志愿者，注重吸纳心理学、教育学、社会工作等具有专业背景的学生。通过问卷调查、笔试、面试、实践考核等方式，甄选出有爱心、耐心、责任心以及有足够课余时间的志愿者，不断为"快乐成长"项目注入新鲜血液。

甄选出合格的志愿者后，为其建立工作档案，提供心理学、手语等基础性技能课程培训。

（二）确定帮扶对象，制定帮扶方案

帮扶对象由珠海市残联推荐，经服务团指导老师综合考虑帮扶对象的居住地域、残障类别等情况后共同确定。服务小组根据帮扶对象的特点做个性化评估报告，确定帮扶方案，待帮扶对象的监护人确认后，开始进入具体实施阶段。

（三）志愿者二次培训，落实帮扶方案

依照帮扶方案，服务团从志愿者档案中遴选匹配的志愿者。此时，根据志愿者自身的不足，对其进行有针对性的专业培训，使其可以完全熟练和适应帮扶方案。每周周末由3～4名志愿者到残障儿童家中进行帮扶。主要帮扶形式有：

1. 入家帮扶

帮扶对象多为小学、初中的在读学生，志愿者担负"家教老师"的角色，根据孩子自身的需求，用自己所学的知识进行辅导，帮助他们顺利完成学业。

2. 户外活动

通过组织帮扶对象玩游戏、指导他们参加珠海市残联组织的各种活动，如"特奥会"等，以朋友的身份慢慢引导这些特殊儿童建立自信心，走出自己的世界，学会与外界沟通与交流。

3. 感受大学生活

定期组织帮扶对象参观大学校园，感受大学浓厚的知识氛围，建立帮扶对象对大学生活的向往和信心。

4. 特殊节日送祝福

在特殊节日，如儿童节、盲人节、孤独症日等到来时，给帮扶对象派送礼物或与残联共同举办相关活动。

5. 文艺助残

通过教授受助对象才艺，如朗诵、手工艺制作、书法等，来丰富他们相对封闭的生活。

（四）志愿者经验分享和定期反馈

各小组为帮扶对象建立档案，详细记录帮扶过程，跟踪了解帮扶的效果。同时，各小组定期召开交流会，总结吸收优秀小组的方法经验，以便更有效地开展帮扶活动。服务小组必须与帮扶对象监护人不定期沟通，以了解帮扶活动的实效性。

（五）健全志愿者监管机制，完善志愿者奖励制度

监察小组每月到受助家庭了解志愿者帮扶情况，与家长形成良好沟通渠道，了解帮扶存在的不足，并及时改进。完善奖励制度，评定优秀志愿者和优秀小组，颁发荣誉证书和奖金。评选采取百分满分制，参评指标包括帮扶对象进步指数（30%）、帮扶对象监护人的满意度（20%）、服务档案完整度（20%）、监察小组的反馈意见（20%）、小组组长的意见（10%）。

（六）寻求更多专业的培训，提高志愿者服务技能

为确保帮扶质量，志愿者在奉献爱心的同时，还要有针对性地读书、学

习，提高自身素质，学习更多与特殊孩子相处的技能和知识。除了定期邀请珠海市残联及珠海义工联专业老师对志愿者进行专业技能培训，如手语、残障儿童心理、与残障儿童沟通技能等，还积极参加各种相关知识竞赛。2012年5月17日，志愿者们参加由珠海市残联、市委宣传部、市司法局、市总工会联合举办的珠海市残疾人事业普法知识竞赛团体决赛，获得三等奖，位居第四名。2013年11月22日，助残服务团参加了由珠海市创文办、市文明办和残疾人联合会举行的第一届行业手语风采大赛，并获得二等奖的好成绩，是珠海市唯一一所高校获奖的队伍。

四、项目主要经验及成效

（一）项目主要经验

1. 与学校教育教学改革相结合，寻求政策支持

针对本科人才的培养目标与办学特色，我校探索并建立了一套应用型创新人才培养模式——《应用型创新人才培养方案研究》，开辟了与专业素质和综合素质培养紧密结合的第二课堂，有效地培养了学生的创新精神和创新能力，并取得较为突出的成效和成果。"快乐成长"项目在我校教育教学改革的大背景下得以成功运作，并以我校基于学生自主选择的人才培养方案为契机，倡导主动性、开放式、多元化、合作式和朋辈式的学习模式，大大提高了学生参与的积极性。志愿者通过参加一定学时的帮扶活动，即可获得该方案中社会服务的学分，这一点也是吸引志愿者参与的制度保证。

2. 完善的志愿者培训、管理、奖励机制

"快乐成长"项目以志愿服务活动与有组织的高校思想政治教育相结合的实践方式开展活动，在活动中构建完整的培训体系，从基础培训—专业培训—过程培训体系中，让志愿者看到自己的进步，切实感受到个人素质的充实与提高。监察小组在日常管理中，检查帮扶情况记录表，为各小组成员计算工时。在每学期中后期，召开本学期"快乐成长"项目总结大会，总结一学期以来的工作，评选优秀志愿者、优秀小组、星级志愿者。

3. 项目指导教师与社会服务实践单位大力合作

"快乐成长"项目开展至今，帮扶对象已从最初的8人增至22人；参加项目活动的志愿者从40人扩大至600人次；志愿者结构由以文学院学生为主，发展到包括全校十五个学院（部）不同专业的学生；服务范围从唐家湾镇扩展至南屏镇。四年来，本项目指导教师起到了重要的作用。指导教师由思想政治辅导员担任，教师全身心投入、耐心指导。在服务学习活动中，教师是活动的组织者、理论的指导者、活动的参与者和督导者。教师与学生在服务活动中密切和良好的协作关系，以及合作单位珠海市残联的大力支持与指导，是本项目得以富有成效地顺利开展的重要原因。

4. 注重对服务对象的需求进行分类

服务团会根据每一个受助对象的具体情况、兴趣爱好等，来确定帮扶的志愿者和帮扶内容。在每次帮扶活动结束后，志愿者会将帮扶对象的当天信息、近期表现、帮扶建议等信息一一记录至帮扶对象个人档案中。志愿者每周安排帮扶活动之前都会按照档案信息来安排一天的帮扶日程，最大限度地适应帮扶对象。在完成基本的学业帮扶、体能训练外，进而挖掘其艺术方面的天赋，在文艺方面进行有针对性的帮扶，使其掌握一项文艺方面的技能。

5. 提供专业的培训与拓展，提高志愿者服务技能以确保帮扶质量

志愿者在奉献爱心的同时，还要广泛阅读书籍，提高自身素质，学习更多与特殊孩子相处的技能和知识。除定期邀请珠海市残联及义工联专业老师对志愿者进行专业技能培训外，还积极参加各种相关知识竞赛；同时加强组长和组员的拓展训练，以提升帮扶效果。

6. 加强与社会公益类组织的合作，因"需"制宜

加强与社会公益类组织的合作，如自闭症协会，广泛征集残障人士的需求，因"需"制宜，扩大受助人群，增加帮扶内容，拓展帮扶领域。

（二）成 效

1. 帮扶对象与志愿者共同成长

"快乐成长"项目主要以学龄残障儿童为帮扶对象，通过功课辅导、心理疏导、自我保护、体育活动等义务性的智力服务，帮助他们树立生活信心，融入社会，在快乐中成长。

大学生们积极参与助残志愿服务，达到了对世界观、人生观、价值观的教育，促进了良好道德修养的养成和精神境界的提高。学生在"润物细无声"中养成服务他人、关心社会的公益习惯，勤于学习、善于创造、甘于奉献，在具备知识、能力的同时又具备社会责任感和服务意识，成为社会发展需要的人才。实践证明，项目的顺利开展，是新形势下高校思想政治教育实效性的有益探索，为促进学生树立坚定的理想信念、养成良好的道德品质的高校思想政治教育工作提供了实践化育人平台。

"快乐成长"项目的成效持续共赢，大学生志愿者以青春活力、专业的帮扶知识、高度的社会责任感搭建起了一座连接自身、残障人群体、学校和社会的多方受益的立交桥：大学生通往道义、责任和成长，残障人士群体通往自信、快乐和知识，学校和社会通往包容、文明与和谐。

2. 社会的关注与肯定

2011年12月，服务团及"快乐成长"项目荣获"珠海市志愿服务十大杰出集体"和"珠海市志愿服务十大杰出项目"称号。2013年7月，本项目获得2013年广东省高校校园文化建设优秀成果三等奖；2014年，获得"创青春·挑战杯"广东大学生公益创业大赛铜奖、北京师范大学珠海分校辅导员精品项目一等奖。中国文明网、珠海电视台、《珠海特区报》等多家媒体，都对"快乐成长"项目活动作了专题报道。

五、项目计划

"快乐成长"项目今后须在持之以恒的基础上，加大以下方面的工作力度：

（1）进一步强化指导教师队伍的专业结构，以期为本项目开展的长效性、深入性、多样性发展，提供更加科学的指导。

（2）积极整合校内外优质资源，加强对志愿者心理学、社会工作学等方面的系统化培训，为项目的纵深发展提供专业保障。

（3）完善志愿者的培训、考察、评估、激励机制，进一步增强志愿者的成就感和使命感。同时结合高校的工作安排和学生的特点，动员更多的人加入志愿者队伍，同时增加帮扶对象，让更多的残障人士受益。

（4）推动志愿服务从"活动导向型"向"项目运作型"转变，积极参与省级、市级项目申报，扩大助残志愿服务的社会效益和影响。

（5）扩大"快乐成长"项目的服务面，例如，从现今的儿童帮扶扩展至青少年帮扶，从入家帮扶、体验大学生活扩展至与市残联及社会公益组织合作开展各项大型助残活动，等等，充分发挥大学生志愿者的青春活力。

（6）继续拓展帮扶内容，由学业辅导、心理疏导、文艺助残扩展到职业技能开发与帮扶，使帮扶对象掌握一技之长，以求其自立自强，积极融入社会。

（7）加大对大学生志愿服务的投入力度。

（8）拓宽项目活动的宣传渠道，加强微博、微信平台的建设，播报助残活动通知，记录帮扶对象成长进步的点滴及志愿者帮扶的心路历程，增强全媒体时代多种形式的宣传力度和效果。

作者：郭海军、马一冰、覃炜斐、田榕
单位：北京师范大学珠海分校文学院

普法点线面

电子科技大学中山学院人文社科学院（以下简称"我院"）学生在校园内外开展普法宣传服务，是一个将法学专业性与实践性相结合的多元化项目。法学专业学子贯彻落实党的"十八大"报告和十八届四中全会精神，利用自身专业所长，普法为民，谋利为众，致力于提高民众法治意识，为全面推进依法治国贡献青春正能量。

一、项目名称

普法点线面。

二、项目理念

党的"十八大"报告强调，依法治国是党领导人民治理国家的基本方略，全面推进依法治国，提升全体公民法治意识，是建设社会主义法治国家的工作重点。尤其是十八届四中全会更加明确地提出"推进法治中国建设"，确立了全面推进依法治国的总目标。在建设中国特色社会主义法治国家总目标的引领下，人文社科学院在开展法学专业特色项目的过程中，总体坚持四大核心理念：①全面提升大学生综合素养；②推动公民树立法治观念；③促进社会主义法治国家建设；④坚持提升法治意识与道德观念并举。其中每个分项目所秉承的理念又各具特色。

（一）普法社：关注大学生综合素养提升

我国的法治建设已经进入全面攻坚时期。在大学生法律意识进入权利本位时代的前提下，我们发现高校在致力于培养大学生法治意识的同时，却忽视了相应地提升其道德素养，从而导致部分大学生目光短浅，个人中心意识过强，缺乏长远眼光与全局意识。法律被称为最低限度的道德，可见道德教育可以内化提升法治基础，有利于培养守法且有高水平道德的大学生。律人之前先律己，只有大学生个人的综合素养得到升华，才能推动整个国家法治进程不断向前。我院大学生普法的特点是：以普法为手段，培养大学生的主人翁责任感；法治与道德并举，全面提升大学生综合素养。

依循于此，普法社从成立之初就确立了如下理念：①以大学生实践为载体,将专业所学融入法治提升进程;②权利与义务并重,着重培养大学生责任意识;③法治精神与道德观念并行,促进大学生主流价值观的形成。

(二)法律援助小组:关心弱势群体,提升公民法治素养

法律援助作为社会弱势群体应当享有的一项合法权利,为当今法治文明国家所普遍认同。它的实质是国家通过制度化的形式,保障弱势群体获得司法公正的权利,是社会主义法治理念的必然要求。大学生面向公众开展法律咨询、援助服务,普法为民、谋利为众,致力于提升民众法治素养,可以有效地发挥大学生在推动社会主义法治建设中的重要作用。法学学子既可以学以致用,又能在饱览社会百态之后更添社会使命感和责任心,还可以向广大公众传递中国特色法治的实质。

我院法学学子由此成立了法律援助小组,具体理念如下:①解决实际问题,提升专业素养,贯彻法治精神;②关注弱势群体,服务民众大局,维护社会和谐;③重点帮助外来务工人员,维护其合法权益。

(三)湖滨社区普法实践基地:扎根社区,服务群众

习近平总书记在党的群众路线教育实践活动工作会议上强调指出:"开展党的群众路线教育实践活动,是实现党的'十八大'确定的奋斗目标的必然要求,是解决群众反映强烈的突出问题的必然要求。"大学生要积极响应党的号召,以实际行动密切与群众的关系,深入群众开展法治活动,才能取得群众满意的成效。湖滨社区普法实践基地从成立之初就确立了如下理念:①深入群众,贯彻法治观念;②扎根社区,开展普法宣传服务;③知行合一,以自身所学回馈群众。

三、项目运作

(一)主体

共青团人文社会科学学院委员会。

(二)对象

普法社:主要针对校内学生。

法律援助小组:主要面向广大群众,尤其关注社会弱势群体、外来务工人员。

湖滨社区普法实践基地:主要服务社区居民。

（三）时空

普法社：始创于 2001 年，秉承着最初的理念一直稳步发展，日益成熟。

法律援助小组：由 2009 级的法学学生怀着回馈民众的热情创立，并延续至今，日益得到社会认可和众多社会媒体的关注。

湖滨社区普法实践基地：开创于 2009 年，在我院与湖滨社区的共同努力下，不断丰富服务内容，拓展服务的广度。

薪火相传，这三个实践项目，随着时光的流逝和经验的积累，逐渐成为人文学院的品牌项目之一。

（四）内容

1．普法社

普法社的内容及特点如图 1 所示。

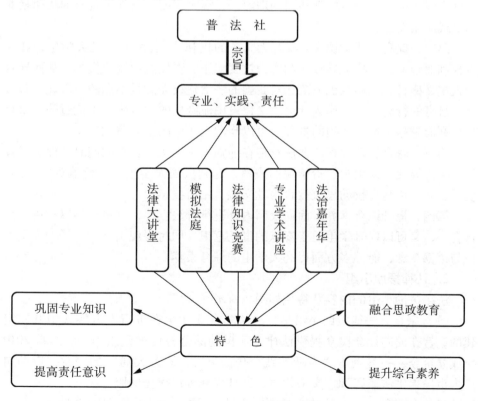

图 1　普法社

（1）宗旨。普法社是由法学专业学生自主创办的，长期以来承担着面向全校学生开展普法宣传、进行法治教育、辅助思政教学等工作。社员们始终秉承"专业、实践、责任"的办社宗旨，以理论联系实际的科学方法，发挥大学生自主创新能力，利用自身所学，定期开展集学术性与趣味性于一体的特色主题活动，全面提升自身综合素养。

（2）活动项目。普法社的活动主要有法律大讲堂、模拟法庭、法律知识竞赛、专业学术讲座、法治嘉年华等。其中，法治嘉年华是普法社的品牌活动。每年的国家宪法日，普法社成员就会在指导教师的带领下，走出校园，面向社会进行法制宣传，开展法律咨询，同时举办法律知识有奖问答，在娱乐中向群众贯彻法治理念。这给社员们提供了一个实践的平台，也提升了大学生的服务意识；让法治在走进校园的同时，也走向社会的每一个角落。

（3）特色。

第一，巩固专业知识。提高学生学习法律的兴趣和自觉性，将专业知识运用到实践当中，加深对所学知识的理解，在很大程度上增强了自身的法律素养和实践应用能力。

第二，提高责任意识。"没有无义务的权利"，公民尤其是大学生，如果重权利而轻义务，将会导致权利意识过度膨胀、责任意识淡化模糊，从而导致个人主义盛行、大局意识失落，对我国的法治建设无疑是不利的。因此，普法社以自身的行动，号召作为社会主义建设中流砥柱的大学生，不能过分看重自身权利而忽略了本应承担的责任，可以唤起大学生的主人翁意识。

第三，融合思政教育。普法宣传在加强大学生法治教育的同时，促进了青年学生世界观、人生观、价值观的成熟，起到巩固大学生主流价值观的作用，使得法制宣传与高校的思政教育水乳交融，相得益彰。

第四，提升综合素养。面向校园内外进行普法宣传，既可以学以致用、知行合一，又可以提升学生勇于奉献的责任意识，同时展现出孙文学子的人文关怀与道德观念，能够多方面提高大学生的综合素养。

2．法律援助小组

法律援助小组的内容及特色如图2所示。

（1）宗旨。法律援助小组是我校法学专业学生在进行专业实践中共同组建的，旨在面向社会民众提供法律专业援助的公益性学生组织。小组自2010年成立至今，一直秉承"专业实践、普法为民、服务大局"的宗旨，定期向广大市民提供法律咨询、文书代写、案件代理等法律援助服务。

（2）活动特色。一位法学教师曾说过："法学专业最重要的就是实践，最难得的是扶贫助弱，心怀天下。在校学生在路边摆张桌子，帮请不起律师的民

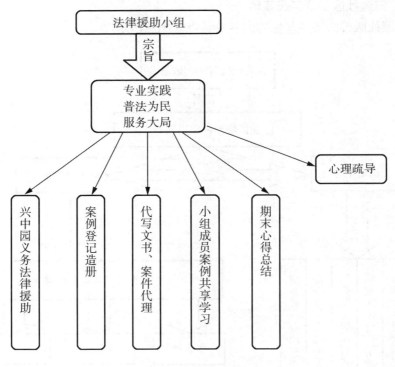

图 2　法律援助小组

众解答一些法律问题，这也是回馈社会。"本着既可以巩固专业知识，又能够济贫扶弱的决心，人文学院 2009 级的几名法学专业学生在没有任何经费支持的情况下，设立了中山学院法律援助小组。现在，小组的活动越来越受到社会关注与支持，活动特色也日渐凸显。

第一，义务普法以服务群众。每周一次的小组免费咨询活动设在中山市石岐区兴中园，每到规定时间，组员们就在兴中园公交车站旁的场地上，架起桌子，放下凳子，挂上"免费法律咨询"的横幅，为中山市民免费提供法律咨询服务。从专业角度为民众提供帮助，尽自身最大能力解决群众实际问题，尤其是为社会弱势人群、外来务工人员提供力所能及的法律咨询和援助，帮助他们维护合法权益，这就是组员们传递法治青春正能量的方式。

第二，分析实际问题以充实自身所学。每周的咨询活动之后，接到案件的成员会马上进行深入分析，讨论时大家各抒己见，遇到疑难问题就求助于书本和老师。在这个过程中的艰辛付出恰恰是每个成员参加法律援助的最大收获，小组就是通过这种对知识的渴求和对民众的热情，将自己的能量发挥到了极致。

3. 湖滨社区普法实践基地

湖滨社区普法实践基地的内容及特点如图3所示。

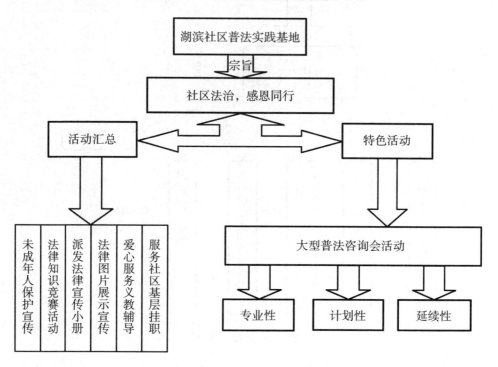

图3 湖滨社区普法实践基地

（1）宗旨。湖滨社区普法实践基地在全面推进依法治国的浪潮下应运而生。法学专业学子与老师们经过多方考察与沟通，最终确定以湖滨社区为中心，秉承"社区法治，感恩同行"的宗旨，充分发挥我校法学专业学子的主体作用，扎根社区，面向居民开展法治宣传活动。并期望以此为基点，向更多的社区辐射，共同建设和谐法治社区。

（2）活动内容。团队自2009年起便进驻湖滨社区，在社区居委会的帮助下进行普法宣传系列活动，其中包括普法咨询活动、法律知识竞赛、法律图片展示宣传、爱心服务义教辅导、未成年人保护宣传、派发法律宣传小册、服务社区基层挂职等。每年一度的大型普法咨询会是其主要特色活动。

普法咨询会是实践基地携手中山市司法局、中山市普法办、石岐区司法所、莲峰派出所、湖滨居委会、石岐区流管办等单位，并邀请学院专业老师联合开展的大型普法活动。以"专业性、计划性、延续性"为特色，通过现场开展免费法律咨询服务，向社区居民普及法律知识，推广法治思想。

（3）特色。本项目以普法咨询会为支柱，围绕着"社区法治，感恩同行"的宗旨，用实际行动向社区居民展示我们的"专业性、计划性、延续性"。

第一，专业性。湖滨社区普法实践基地坚持贯彻党的"十八大"精神，认真落实十八届四中全会的法治理念。以高校法学资源为依托，以法学专业学子为主导，以中山市司法力量为支撑，以湖滨社区为平台，以服务社区居民为目标，全面构建专业性的实践基地。

第二，计划性。湖滨社区普法实践基地活动的开展有着详尽的计划，在基地建立之初就已经有初步的框架，并结合实际不断调整。该计划从湖滨社区的实际出发，从关注孤寡老人到关心留守儿童，再从呼吁未成年人的保护过渡到保障妇女儿童的合法权益。项目遵循计划，联系实际，一步一步地完善社区居民心中的法律体系，朝建设法治社区的目标大步迈进。

第三，延续性。湖滨社区普法实践基地自创立起，法学专业学子薪火相传，从不言弃，社区居民们都已熟悉这群热情而有拼搏精神的年轻人。每年的实践团队都是由上一年参加过的学生带领，形成以老带新、不断延续发展的良好态势。

（五）程 序

项目的活动开展程序主要是：准备计划书→填写活动申请表→报请学院团委批准→开展活动→活动总结（见图4）。因为普法社和法律援助小组以社团联合会的形式挂靠在人文学院团委名下，直接由团委书记指导；湖滨社区普法实践基地则是由人文社会科学学院团委下设的实践部统筹管理，在每年暑期进行社会实践。所以三个分项目的活动开展程序有所不同，具体流程见图5：

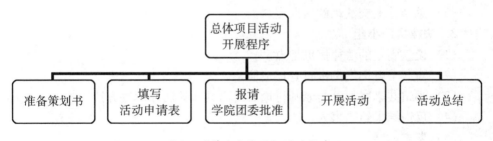

图4 "普法点线面"活动程序

1. 普法社

（1）事先做好计划书。

（2）需要利用课室的，则需按流程填好活动申请表后交于老师批准。

（3）若需要邀请老师到场的则应事先通知老师，协调好参加时间。

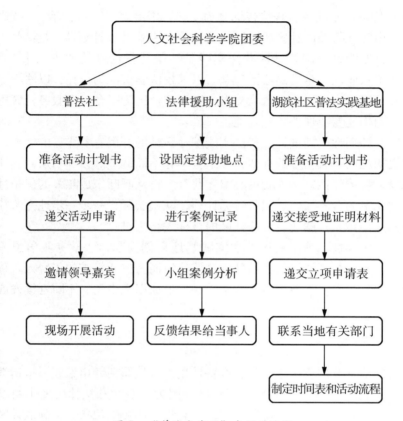

图5 "普法点线面"各活动流程

(4) 活动现场的布置需要提前联系沟通人文学院相关部门进行。
(5) 总结并上交活动的后期资料。

2．法律援助小组
(1) 设立固定的法律援助地点。
(2) 对各个咨询案例进行登记造册。
(3) 小组共享案例，与老师讨论后得出具体的法律解决方法。
(4) 反馈结果给当事人。
(5) 期末总结。

3．湖滨社区普法实践基地
(1) 团委实践部准备好活动计划书、活动申请表。
(2) 实践小组需要向本学院递交计划书、接受地证明以及立项申请表。
(3) 实践小组需与当地有关部门就实践地点等具体事宜进行沟通协调，并报备学院团委。

（4）团委需提前向中山市司法局、中山市普法办、石岐区司法所、莲峰派出所、湖滨居委会、石岐区流管办等单位发出邀请，并制订好时间表和活动流程。

（5）调研结束后，由实践小组总结整理好数据，并上交调研论文，交指导老师进行评估修正。

（六）支持和技术方法

法治宣传服务项目之所以能够延续至今并焕发活力，在于多年累积的可信度和知名度，以及每一届学生的不断努力和创新，同时也离不开学院老师的专业指导。这一项目是四股力量的共同结晶。

1. 学生的积极参与

第一股力量就是学生。每一届法学专业学子都秉承着脚踏实地、无私奉献的人文精神，认真开展工作，虚心接受教导；在做好本分工作的同时，也积极保持与外界的沟通联系，既继承优良传统，又不断推陈出新。不管是普法社、法律援助小组还是湖滨社区普法实践基地，都充分发挥了学生的自主能动性。

2. 老师的专业指导

第二股力量来自于辛勤工作的老师们。专业的指导是项目中不可缺少的力量，项目受到学院老师的大力支持。专业老师对法律问题详细解剖，对学子疑惑耐心解答；实践指导教师提供实际帮助，尽力查漏补缺，让学生的实践过程更加顺畅。

3. 学校的鼎力支持

第三股力量是学校。学校在政策和资金上的大力支持，使得项目发展更为迅速。普法社的活动一般在校内开展，借助了丰富的校内资源；法律援助小组能够走向社会，也离不开学院的大力推举；湖滨社区普法实践基地更是得到了学院团委的重点支持。

4. 社会的信任协助

第四股力量是校外相关单位的协助与信任。普法社每年的法治嘉年华活动，都是在中山市司法局的帮助下开展起来的；对法律援助小组来说，来自社会各界的鼓励和帮助，是他们义务普法五年的最大动力；湖滨社区普法实践基地则在湖滨社区的大力支持下，朝着社会主义法治的建设方向大步迈进。

四、项目效果

"普法点线面"的效果如图6所示。

在"普法点线面"项目的发展中，有如下突破：

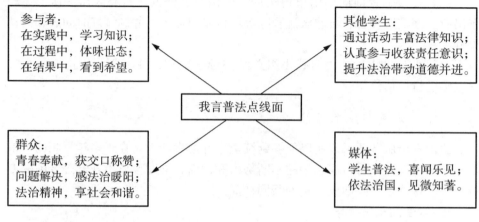

图 6 "普法点线面"的效果

（一）受众面越来越广

每个分项目定位不同，使得项目总体受众层次分明，涉及全面。普法社面向校内学生，活动的参与人数越来越多，在校内的影响力不断扩大；法律援助小组的活动随着时间的推进越来越被广大中山市民所熟知；而湖滨社区普法实践基地也在不断拓展，近期有望走出湖滨，迈向新的社区。

（二）离群众越来越近

以法律援助小组为例，每一年解决的大小案件，记录在案的就有百件之多。组员们做过统计，接到的咨询个案中，涉及最多的是劳资纠纷，然后依次是工伤、离婚、遗产继承等问题，贴近生活实际。湖滨社区普法实践基地更是为社区居民解决法律问题搭建了一个良好平台，可以帮群众解除家庭、福利、社保等各方面的法律烦恼，真正实现了深入群众、服务社区的宗旨。

（三）成果越来越明显

1. 对学生而言

（1）项目大大提升了参与学生的专业素养。以司法考试为例，全国的司考通过率为 12%～20%，而我校参与普法项目学生的司考通过率一直高达 70%。

（2）项目增强了青年学生的责任意识。参与法律援助小组的罗同学说："刚刚参与时，我只是关注自己可以获得多少，但渐渐地在实践中我更懂得了付出与责任。"普法宣传在加强大学生法治意识的同时,更增强了青年学生主流价值观的形成,起到了巩固学生道德观念的作用,与高校思政教育水乳交融,相得益彰。参加项目的同学说:"它教会了我们用专业知识去帮助每一个真正需要帮助的人,用良好的素养去对待每一个不怀好意的人,保持一颗最真诚的心投入到法治建设这条路上。"

2. 对公众而言

普法项目一方面为社会弱势群体提供了必要的法律保障,弥补了社会法治资源的不足;另一方面则有助于法治意识的树立,大学生以实际行动向民众传递了社会主义法治观念的真谛。

(四)关注度越来越高

随着参与学生的不断努力,"普法点线面"项目在社会上的关注度越来越高。《中山日报》、《南方都市报》等媒体曾经对法律援助小组和湖滨社区普法实践基地做了相关报道。在校园里,关于三个分项目的报道成系列出现。校内外媒体的关注,给项目的发展注入了更大的推动力。

五、项目特色

(一)明确责任

"国无法不立。"法律对一个国家而言就如铁轨之于火车,脱离了法治这条正轨,社会将陷入混乱。目前我国的法治建设虽已取得了显著成效,但是由于我国所处的历史阶段特殊,公民在法律意识方面仍然有所欠缺。因此,加强法治建设,大力普及法律知识,不仅是国家的当务之急,更是每个法学之人不可推卸的责任。

(二)敢于行动

法学专业学子勇敢地站出来,在校园内外加强普法宣传,进行法律咨询服务,不仅可以提高学生的专业素养,更是一个锻炼实践的绝佳机会。随着社会主义市场经济的快速发展,社会对高素质人才的要求也越来越严格,本项目力争让法学专业学子做到"学法、懂法、用法、普法",谨奉"学以致用,服务社会"的宗旨,让学生通过实践获得成长的能量,全面提升核心素养;同时培养他们胸怀天下的鸿鹄大志,期盼他们可以秉承无比坚定的法治信念,以青春的激情和无限的能量,投入到社会主义法治建设的伟大浪潮中去。

(三) 全面发展

项目通过多渠道、全方位的努力面向社会开展普法服务，其中包括在校内创办普法社，面向中山市公众建立法律援助小组，立足湖滨社区进行法律服务。通过这些多元化的渠道，项目一方面深化了学生的法治素养与道德修养，另一方面也全面提升了民众的法治意识。

(四) 坚持守望

每个分项目从创立起，就在不断发展，从未停止前进。这一路上，正是由于学生的这份坚持，这份付出，不断努力，不断拼搏，项目才会发展至今。未来，我们会不忘初心，坚持奋斗创新，继续为社会主义法治建设贡献青春正能量。

作为孙文故里的高校学子，中山学院法学专业学生秉承孙中山先生"天下为公"的大同之道，坚持通过法治以保障人民权利，强调法律以坚持依法治国、修身律己，发挥自身所学以服务群众。他们采取多种形式开展普法项目，主要包括在校内创办普法社、面向中山市公众建立法律援助小组、立足湖滨社区普法实践基地进行法律服务等。大学生开展此项目，既可以学以致用，极大地增强自身的专业素养和实践能力；又能在面向公众提供法律服务的过程中，不断发扬人文精神，增强社会使命感和责任心，促进当代大学生主流价值观的形成。另外，普法项目也承担着一定的社会服务职能，能够为社会弱势群体、外来务工人员提供必要的法律咨询和援助，提高公众的法律意识，帮助其维护合法权益，促进社会和谐。

作者：杨振华、罗洁、庄铎、邹城、岳湛川、赵瑞
单位：电子科技大学中山学院人文社会科学学院

口语直通车

广州商学院于 2008 年成立英语口语训练协会（以下简称"口语协会"），创新开展英语口语直通车活动，积极探索发挥第二课堂载体作用的有效模式。七年来，口语直通车活动坚持社团活动与专业学习相结合，创新朋辈教育的新途径，发挥英语专业高年级优秀学长的引领和指导作用，强化非英语专业一年级学生英语口语实践，在营造校园学风氛围、丰富校园文化生活、引领职业生涯规划以及建设校内实践基地等方面起到了良好的效果。

迄今为止，口语直通车活动已组织各类英语竞赛及培训活动 20 多项，参加活动的专任教师达 60 余人次，选派英语专业高年级学生 1100 多名，辅导非英语专业一年级学生累计 14000 余人，在全院产生了广泛而深远的影响。

一、项目名称

口语直通车。

二、项目理念

直通车本意指车辆在从一个城市到另一个城市的过程中，不停靠任何站点，直接到达目的地，便于旅客出行以及最大限度地节约时间。口语直通车项目就是广州商学院培养学生英语交流能力和跨文化交际能力的重要举措，是实现学生从不能、不敢开口到流利说英语的专车直达。该活动致力于发挥第二课堂的重要作用，以创新朋辈教育为理念，以学生英语晨读和英语竞赛为载体，以英语专业高年级学生辅导非英语专业一年级学生为路径，以提高全院学生英语口语水平为目标，强化英语口语实践，激发英语学习内动力，逐步形成学风建设教育、校园文化建设与专业实践平台建设三位一体的格局。

三、项目运作

（一）项目主体

广州商学院英语口语训练协会。

（二）项目对象

广州商学院非英语专业一年级学生。

（三）项目时空

2008年，广州商学院口语协会深入开展口语直通车活动，作为提升全院学生口语水平的重要手段。2011年，引入竞争机制，举办各专业学生学年口语训练成果展及英语演讲比赛，提高口语训练的实效性。2009年，创办《英语口语训练简报》，及时报道口语协会及口语训练动态。为适应"90后"大学生的思想特点和学习方式，2013年借用微博等新媒体的技术优势，开设网络英语学习平台，倾力将口语直通车打造成为校园文化精品项目和英语专业学生校内实践基地。

（四）项目内容

口语直通车面向广州商学院非英语专业一年级全体学生，利用课余时间开展口语培训和交流，再通过口语晨读成果展示和英语演讲比赛来进一步检验口语训练的效果，并努力打造英语专业实践平台，实现"三位一体"的教育格局。

1. 学风建设教育类

（1）辅导学生口语练习。每年9月，选拔英语专业高年级的优秀学生担任英语口语小老师。从10月开始，组织英语口语小老师坚持每周一到周五上午7:30—8:00在教学楼、操场、图书馆广场等地与非英语专业学生共同晨读，指导非英语专业一年级学生学习英语，提高口语水平。

（2）开展对外口语交流。每周四晚上坚持举行英语角，广泛邀请外语系专业教师、英语外教及周边区镇、兄弟院校的英语爱好者来广州商学院参加英语口语练习活动，增加英语口语交流机会，加强对外交流。

2. 校园文化建设类

（1）举办晨读成果展示。每年6月份，坚持举办英语口语晨读成果展，对英语口语小老师一年的培训成果和非英语专业一年级学生的学习效果进行检验。

（2）承办英语能力竞赛。自2011年开始，每年4月到5月，口语协会已连续承办了四届"外研社杯"全国英语演讲大赛广州商学院初赛、复赛、决赛。

3. 实践平台建设类

（1）编辑口语训练专刊。连续四年，每学期定期编辑、出版与英语学习和口语训练活动有关的《英语口语训练简报》，并及时派送到全院每间新生宿舍，以供学习参考。

（2）建立网络辅导平台。利用"广商英语口语训练协会微博"开设网上英语学习辅导平台，并坚持每周更新四期微博中的英语学习内容。

（五）项目程序

1. 学风建设教育类

（1）选拔英语口语小老师。每年9月初，经个人书面申请、初试及复试两轮面试，择优录取英语专业二、三年级学生中英语口语突出的学生担任英语口语小老师。

（2）培训英语口语小老师。每年9月和第二年3月，邀请外语系英语专业优秀教师以及上一届优秀英语口语小老师为新录取的英语口语小老师开展两次岗前培训。每两个月举办一次英语口语小老师工作经验交流会，促进英语口语小老师之间的相互交流与共同学习。

（3）召开新生辅导员专题会议。每年9月底，口语协会指导老师组织召开新生辅导员专题会议，部署一年级学生英语口语训练工作，并将英语口语小老师名单及联系方式分配给各新生辅导员。

（4）组织开展英语口语练习。从10月开始，英语口语小老师坚持每周一到周五上午7:30—8:00在教学楼、操场、图书馆广场等地与所辅导的非英语专业学生共同晨读，指导非英语专业一年级学生学习英语。

（5）实施学年考核评优制度。制定《广州商学院英语口语小老师考核办法》，对全体英语口语小老师实行学年考核及评优。英语口语小老师学年考核评优标准共有五大项，每项为20分，总分为100分。根据最终评分评出"优秀英语小老师"、"最具组织能力奖"、"最具创新能力奖"等奖项。英语小老师一学期内请假次数超过三次者或无故缺勤一次或以上者，将取消其评优资格。

2. 校园文化建设类

（1）制订赛程。制订比赛策划书，结合往年全省大赛的相关题目，拟写定题演讲和即兴演讲的题目，同时依据省赛的评分规则，制作校内初赛、复赛以及决赛的评分表和评分细则。

（2）组织报名。在学院范围内通过微博、校园摆摊、宣传栏张贴宣传海报、课室小黑板和学生干部动员这五种方式进行赛前宣传和接受报名。

（3）召开会议。在比赛前一周召开选手会议，让参赛选手熟悉比赛规则和比赛流程，并公布定题演讲的题目。在进行决赛前，则让参赛选手进行赛前彩排，保证比赛流程的顺畅。

（4）正式比赛。"外研社杯"全国英语演讲大赛广州商学院决赛由初赛、复赛和决赛三部分组成。初赛和复赛分为两个环节：3分钟定题演讲（题目为赛前一周公布）及2分钟即兴演讲（赛前15分钟抽选的题目）。决赛则在初赛与复赛两个环节的基础上增设2分钟回答问题环节。

3. 实践平台建设类

（1）板块划分。《英语口语训练简报》及微博平台主要划分为两大板块：社团活动和英语学习资料。

（2）收集材料。按照所划分的两大板块来进行材料的收集，社团活动方面包括英语口语晨读活动、英语口语小老师交流和培训会、英语口语晨读成果展以及"外研社杯"全国英语演讲大赛校内选拔赛等材料。学习资料则会适当选择有效的英语学习方法、谚语、简短的英语文章等。

（3）整理资料。按照板块进行资料整理，注重凸显资料的"精"，尽量简短和凸显主题特色。

（4）撰写资料。口语协会编辑部和网络部共同负责所辖板块资料的撰写和排版。

（5）审核资料。口语协会会长初审通过后上报指导老师，并根据其反馈意见进行相应的修改。

（6）正式发布。《英语口语训练周报》定稿后统一打印并派发至各系新生宿舍。微博则正式对外公开发布。

（六）项目支持

1. 领导支持

一直以来，口语直通车项目举办的各项活动均得到了院（系）各级领导的大力支持。其中，学院院长、党委书记等院领导多次亲临口语直通车活动现场观摩指导，全面了解各项活动的开展情况，并对口语协会各项工作的有效开展提出了宝贵的意见和建议。教学处处长、学生处处长、外语系主任等领导也曾多次担任各项英语竞赛活动的嘉宾和评委。

2. 资金保障

口语直通车每年举办的各项常规活动，包括英语口语小老师招聘、培训、评优，英语口语晨读开幕式、英语口语晨读成果展、"外研社杯"全国英语演讲大赛以及《英语口语训练简报》出版等所有经费，均由学生处审批、财务处统一全额报销。对担任口语协会各项活动评委的专业老师也给予相应的课时补贴。

3. 教师支持

七年来，外语系教授、副教授以及外教等 20 多名专业教师分别参与了英语口语小老师的培训及非英语专业学生英语口语学习指导，专任教师参与人数占外语系教师总人数的 26%。

4. 制度完善

广州商学院先后出台了《广州商学院关于成立英语口语训练协会的通知》、《广州商学院关于加强一年级学生教育管理工作实施意见》、《广州商学院学长制实施办法》、《广州商学院学生早读与晚自修管理办法》等相关文件，保证了口语直通车各项活动在全院范围内顺利开展。

（七）技术方法

1. 学长选拔公开化

口语协会全体学生干部共同承担初试、复试的面试任务，严格标准，坚持公平、公正、公开原则选拔优秀的学生担任英语口语小老师。

2. 培训内容科学化

口语直通车项目培训的内容从音标、重读、连读、爆破音，到辅音、语调、节奏，再到诗歌、散文、歌曲、电影对白、场景设计、演讲等，循序渐进，逐步加深，以适应非英语专业一年级学生不断进步的需要。

3. 训练形式多样化

口语直通车活动不断创新口语训练的形式，既有读单词、学音标，也有听歌曲、学发音；既有背美文、学句型，同时还有赏电影、演对白，实现形式为工作实效服务的目的。

4. 组织管理规范化

明确英语口语小老师的工作职责，即心理辅导——提升非英语专业学生学习英语的积极性，认真备课——积极准备"教学"内容，课外辅导——带领学生参与英语角等课外教学活动，自我提升——提高自身"教学"水平。

5. 激励机制人性化

每年均对在"外研社杯"全国英语演讲大赛广州商学院决赛中表现优秀的个人颁发奖杯与荣誉证书。对获得前三名的学生，由外语系遴选有经验的优秀专任教师进行精心辅导，再遴选出最优秀的 1 名学生代表广州商学院参加"外研社杯"全国英语演讲大赛广东赛区的比赛。

四、项目效果

（一）促进学院学风建设，激发学生学习动力

七年来，口语协会累计选派了 1100 余名英语口语小老师，陆续指导了 14000 多名学生练习口语。在英语口语小老师的引领和指导下，非英语专业学生都能克服心理障碍，积极主动学英语，大胆开口"秀"英语。每日清晨，广州商学院的各个角落都挤满了练习英语口语的学生，早读说英语、练口语已经成为校园里一道靓丽的风景线。七载岁月的积累沉淀，英语口语直通车已成为广州商学院英语学习第二课堂的重要载体，有效地激发了学生学习英语的兴趣，营造了学院浓厚的学习氛围，从而有力地促进了学风建设。

（二）增强新生英语能力，提高竞赛获奖概率

通过开展口语直通车活动，广州商学院非英语专业一年级学生的英语应用能力普遍有了较大提高，在国家、省级各类英语能力竞赛中取得了优异的成绩。从 2009 年至今，在全国大学生英语能力竞赛 C 类（非英语专业）、"外研社杯"全国大学生英语写作比赛等大赛中，已累计有 22 名学生分别获得国家级、省级一、二、三等奖。在 2014 年比赛中，1 名非英语专业学生获广东省决赛笔试特等奖、口试一等奖，代表广东省参加第十五届全国大学生英语演讲比赛全国总决赛并获优秀奖，在第八届全国大学生英语风采大赛中获二等奖；在 2013 年"外研社杯"全国大学生英语写作大赛中，1 名非英语专业学生荣获（广东赛区）二等奖；在 2014 年"外研社杯"全国英语写作大赛中，2 名非英语专业学生荣获（广东赛区）三等奖。

（三）拓展学长综合素质，提升个人职业素养

1．心智成长

担任英语口语小老师的是外语系英语专业二、三年级的学生，这个阶段的学生适应了大学的学习与生活，对自身的定位和发展目标有初步的规划，自我表现和独立意识突出。选拔高年级学生担任英语口语小老师，既为非英语专业一年级学生提供了英语学习指导，又使其自身心智得到全方位的锻炼，在人际交往能力、口语表达能力、组织能力等方面均得到全面提升。

2．技能提升

英语口语小老师最重要的任务便是辅导非英语专业一年级学生学习英语、练习口语。在辅导过程中，为了更好地解答新生提出的各类英语学习问题，调动新生学习英语的积极性，必须自觉提高自身的专业知识和教学水平。因此，担任过英语口语小老师的学生，在专业知识和专业技能方面得到了极大的提升，有2人分别获得国家奖学金。近五年有71位英语口语小老师在国家级、省级各类英语竞赛中取得优异的成绩。不少人考取了国内外高校继续攻读硕士研究生。其中，2007级的梁丽丝同学考取了广州外语外贸大学的研究生，并于2013年顺利考取公费前往英国卡迪夫大学攻读博士学位的资格；2009级的4名英语口语小老师分别考取了约克大学、利兹大学、爱丁堡大学、伯明翰大学的研究生。

3. 素养提高

经过口语直通车的磨练，在外语系专业教师的系统培训下，英语口语小老师们在指导非英语专业一年级学生学习英语、练习口语的过程中积累了宝贵的教学经验，个人职业素养方面也得到了一定的提升，为他们在毕业求职时打下了坚实的基础。以2013届毕业生为例，15%左右的英语口语小老师选择了英语教师这一职业，其中有10人通过公开招聘考上了广东省公办学校的中小学英语教师。根据广州商学院的就业调研反馈，担任过英语口语小老师的学生在择业观、职业道德、工作能力等方面表现突出，得到了用人单位的一致认可。

五、项目特色

（一）构建了社团活动与专业学习相结合的新模式

当前高校的学生社团各有特色，各类社团活动在满足学生需求的前提下，也在一定程度上锻炼了大学生的能力。但这些社团所开展的活动跟学生专业学习的结合较少。口语直通车活动以提高英语口语交际能力为宗旨，为所有喜爱英语的学生提供了一个广阔的锻炼平台。该项目每年举办的各项活动如英语口语晨读开幕式、"外研社杯"全国英语演讲大赛、英语口语晨读成果展、英语口语小老师招聘等，均要求全程使用英文。这些活动巧妙地把社团活动与学生的专业学习结合起来，使学生在积极参加社团活动的同时也充分锻炼了自身的专业学习能力。

（二）创新了高校朋辈教育的新途径

当前，高校大学英语教育模式基本仍是以教师为主导，教师主动教、学生被动学，师生之间因为年龄、经历不同，对于英语学习的认知也有所不同，一定程度上很难达成共识。而口语直通车项目选派英语专业高年级学生担任英语口语小老师，指导非英语专业一年级学生学习英语、练习口语的模式，是一种变被动教育为主动教育、变教育客体为教育主体的朋辈教育创新实践。大学生之间，年龄相仿，存在相似的人生观、价值观、思维模式，使得朋辈教育呈现出更多的吸引力、积极性。因此，口语直通车活动开创的朋辈教育学习英语的模式弥补了单纯的英语课堂教育的不足，形成了"自我教育、共同成长"的良好局面。

（三）开辟了英语专业学习实践的新平台

大学生在努力学习专业理论知识的同时，还必须参加一定时间的校内外专业实习。但是，由于专业实习时间安排、场地以及其他条件的限制，多数高校大学生只能利用周末或者寒暑假的时间到校外单位去完成专业实习。而口语直通车活动提供的英语口语小老师、《英语口语训练简报》编辑及微博管理员岗位，增加了高校英语专业学生校内实践的机会。按照章程，口语协会所有学生干部和英语口语小老师在任期满一年、经考核合格后，均可得到外语系提供的一份为期两周的专业实习证明。这极大地拓宽了英语专业学生的专业实习渠道，为学生的专业实习提供了更多的选择。英语口语小老师可以不用走出校门，第一时间把自己的专业所学用于实践，做到学习实习两不误。

作者：徐超、雷肖茹
单位：广州商学院外语系

志 愿 盟

2008年,中央精神文明建设指导委员会在《关于深入开展志愿服务活动的意见》中提出要求:把志愿精神教育作为进一步加强和改进大学生思想政治教育的重要内容,充分发挥志愿服务活动的育人作用。现如今,社会志愿组织力量较为分散,志愿者培养工作往往呈现缺乏体系的速成操作。如何科学培养大学生的志愿服务精神和公益践行能力,如何发挥志愿服务活动的育人作用,如何将"公益志愿"这颗运用公共理性关怀社会、服务社会的公益种子播撒得更广,我们需要去思考、去探索、去实践。

一、项目名称

"志愿盟"。

二、项目理念

"志愿盟"作为"志愿"联合地,秉承公共关怀理念,聚合志愿力量,以志愿者孵化为己任,宣扬公益精神,承载育人功能。"志愿盟"面向全院,以公益感召吸纳学生群体力量;面向社会,以志愿合作汇集社会志愿组织力量。"志愿盟"培养大学生的公共理性,推行志愿服务,倡导公益精神,打造大学生公益事业先行者。在"志愿盟"的实践锻炼中,学生内化了专业知识,提升了综合素质,增强了社会责任感。学生的志愿精神就像"萌芽",在"志愿盟"的土壤中茁壮成长,成为参天大树,携公益梦想传递公共精神。

三、项目运作

(一)项目主体

中山大学南方学院公共管理学系学生工作团队。

(二)项目对象

中山大学南方学院在校全体学生。

（三）项目时空

为培养学生的社会责任感，提升其公共意识，公共管理学系自 2007 年开启学生志愿调查队，利用假期和课余时间深入基层，了解社情民意，以实践调研、志愿服务的形式关注社会、践行公益。2012 年，在学生志愿调查队的基础上进行公益助学效能的推广和延伸，经过反复讨论和完善，"志愿盟"得以建立，并向全院推广。

（四）项目内容

"志愿盟"力求以"三维一体"打造契合公共关怀理念、汇聚社会力量、满足学生工作育人需求、以学生为主体主导的综合性、开放性公益志愿发展平台。

一维：博学笃行理念维度。博学笃行强调"广泛的多方面学习"与"踏踏实实的践行"并重。以理论指导实践，再通过实践检验理论，通过开放学生视野与深入实践的结合，唤醒大学生的公益志愿服务意识。

二维：学生"孵化"体系维度。"志愿盟"以项目委员会的形式运行，以学生为主体主导"志愿者孵化"工作，旨在提高学生的沟通、协作能力，培养学生的团队责任意识和社会责任感。同时，聘请专家、教师作为参谋团、智囊团，结合专业技能培养学生公共理性，帮助学生成长、成才。

三维：公益推广聚焦维度。凝心聚力，集合资源，齐力推广公益理念，宣扬公共精神；展示学子关注社会、乐于奉献、勇担责任、积极参与公益志愿的良好形象；推广公益育人影响力，打造优势品牌。

（五）项目程序

1. 以博学笃行为指导，拓宽学生公益意识提升路径

"志愿盟"以"博学、笃行"为宗旨，采用"引进来"、"走出去"、"带回来"的策略，汇聚志愿力量，为大学生铺就一条公益意识提升道路。让更多学生了解什么是公共精神、如何解析志愿服务、为何投身公益事业。

（1）"引进来"。邀请公益 NGO 负责团队、公益突出贡献者，以论坛形式，面向全院学生进行公益理念传递。公益先锋以精彩的理论指导和实践感化帮助大学生提升公益信念，让更多学生了解何为公益、公益理念价值所在，知道如何更好地加入志愿服务行列。

（2）"走出去"。与其他志愿组织签订协同培养方案，借助他方实践平台、教育基地来拓宽视野、开拓思维，科学开展学生志愿素养实践教育。学生在实践体验中感受公益魅力，投身公益志愿。

（3）"带回来"。邀请志愿服务涉及各国、各地区的在校生将经验带回来，以朋辈身份，携实践感悟，将公益理念带入学生群体，为"志愿盟"的发展提供新思路、新契机。

2. 以学生自我管理为基石，打造学生公益志愿"孵化"平台

"志愿盟"以项目委员会的形式运行，开启学生的自我管理服务模式。目前已成立"朝花夕拾，健康环保"项目委员会。项目委员会对组织进行统筹规划，完善管理体制和运作机制，确保组织正常运行；下设项目组，负责各类型项目的正常运作；各项目组下设各部门，各部门部长负责相应的行政职能。委员会设专家参谋团，参谋团涵盖志愿组织、高校专家、政府官员、公众代表等；各组分别配置教师智囊团，智囊团老师提供跟踪型理论指导。其核心架构如图1所示：

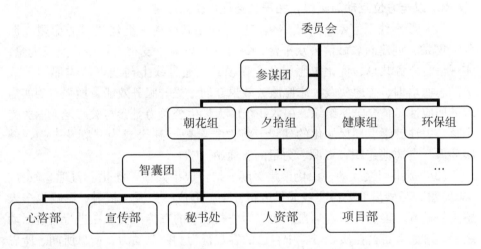

图1 "朝花夕拾，健康环保"项目核心架构

（1）学生主导，教师指导。项目委员会的运作由学生自主主导，从委员会理事长、委员到各组组长、各部门部长，皆由学生担任，老师只提供相应的技术指导。各组志愿者的招募、培训、实践、总结、考核、评估事项分别由各部门学生相应承担，以此激发学生的责任感、使命感，提升学生的管理沟通能力及团队协作能力。"朝花"、"夕拾"、"健康"、"环保"分别涉及的领域是：关心孩子、关怀老人、关爱健康、保护环境。每组下设五个部门，分别为：项目部，负责开发志愿项目及志愿合作平台；人资部，负责志愿者的招募、阶段性培训及考核；秘书处，负责志愿活动策划、组织、考核；心咨部，负责志愿

者的心理调适与疏导、成长评估与反馈；宣传部，负责志愿服务效果的跟进及宣传、公益影响的扩散及公共精神的传播。该核心架构已成为整个组织运作的齿轮，推动组织前进。

（2）因材施教，分类培养。项目委员会通过问卷调查法、访谈法、MBTI职业性格测试法、观察法等，结合企业管理的SWOT分析，帮助新加入成员或热心公益的学生分析自身优劣势，发掘其特点、专长和技能，帮助学生做好公益志愿发展定位，收集成长反馈，因材施教，有针对性地对"志愿盟"成员进行各阶段性培训。阶段性培训融合专业素养教育、理论疏导学习、志愿实战拓展。通过培训，结合成员"成长反馈"调整下一阶段的培训侧重点，有针对性地帮助成员提升，使其成为合格的志愿者。"成长反馈"由自我评估、直属上级考核、同组成员评议、人资部考核、受助对象评议等五个维度的考评构成。

3. 以全方位互动为契机，拓展公益推广聚焦维度

（1）线上线下互动，开拓聚焦广度。运用新媒体，组建"'志愿盟'服务"网站，创建同名微信公众平台，每日同步更新、发布、宣传公益正能量，实现信息资源共享，优化志愿服务合作模式。通过线上与线下"志愿盟"成员的志愿培训、志愿实践、志愿服务效果互动，提升服务效能，增强对现实需求的回应性。整合志愿组织，引入积极的大学生公益力量参与关心老人、关爱小孩、关注健康、环保从化的建设，将"志愿盟"建设成为"朝花夕拾，健康环保"各志愿组织、资源、力量的流通站。

（2）成果回馈互动，深化聚焦深度。结合成果回馈，深化公益理念教育。"志愿盟"巧妙借助公益实践成果进行互动，形成感染源，辐射、影响更多人感受公益真、善、美，自觉自发地成为公共理念的宣传天使。在进行公益活动之后，志愿者将公益实践过程中自己的客观行为、公益动力、所见所闻、所思所感，以第三人称形式撰写成故事，并将该故事与他人分享，收获被分享者的建议及感悟，在提升自己工作方法的同时传递公益理念。同时，运用公益受助者（经受助者同意）的感恩反馈信息，增强志愿者在公益实践道路上的前进动力。借助受助者的感恩回馈，深化公益理念教育，激励更多大学生投身志愿服务工作。

（六）项目支持

1. 经费支持

公共管理学系大力支持"志愿盟"，特批专项经费，为"志愿盟"的建设提供便利。

2. 基础支撑

公共管理学系从 2007 年开启志愿学生调查队，在实践调研过程中，培养学生的公益意识和志愿精神。"公共关怀"、"志愿服务"理念已深入学生心中，并影响其他人，这将成为"志愿盟"的有效基础支撑。

（七）技术方法

1. 榜样感召法

提升学生的公共意识，培养其公益实践能力和社会责任感，形成公益志愿榜样，宣传公共理念，辐射、影响他人，感召更多人投入公益志愿服务，携公益梦想，传递公共关怀。

2. 调查研究法

对有意愿加入"志愿盟"的学生或热心公益的同学进行调查研究，分析该生特点，帮助学生做好公益志愿发展定位，并有针对性地制订志愿者培养方案。

四、项目效果

（一）契合社会需求，输送公益人才

众所周知，公共治理主体不仅包括政府，还包括市场和社会，市场力量强大但其本性仍然是追求利润最大化。因此，以志愿组织为代表的社会力量将成为加强公共治理的一个合乎现实的切入点，大学生基于其积极向上、热情活力的特点也必将成为这一组织的重要组成部分。本项目将有责任感的公益组织内涵融入有生命的高校，打造"志愿盟"，致力于"朝花夕拾，健康环保"公益事业，让大学生通过"志愿盟"平台切身感知社会公益力量星星之火的燎原之势，进而培养公民精神，让广大学生成为未来公民社会建设的主力军。"志愿盟"契合社会需求，为社会有效输送公益人才。

（二）有效开发资源，开创合作典范

"志愿盟"的志愿服务对象定位是"朝花夕拾，健康环保"。志愿服务工作立足从化，从关心老人、关爱小孩，关注健康、环保从化的目标着手，通过定点服务（学校、村或社区等）、经验推广、知识宣传、社会调研等多种形式培养大学生的社会责任感及公共精神。在培养公益志愿者的过程中，与其他志愿组织合作，设立实践教育基地，制订协同培养方案，将"志愿盟"成员投入其中，进行良好的志愿行为养成教育，开创了民办高校与非营利组织长期合作的典范。通过充分借鉴其他志愿组织经验，加强与政府部门合作，强化媒体公关，在区域形成一定影响力，达到更高更广的宣传效果，进而收获更多的公益理念认同者。

（三）放飞公益梦想，传递公共理性

随着"志愿盟"影响的扩大，投身公益的学生与日俱增。"志愿盟"为怀有公益梦想的学生插上翱翔的翅膀，帮助其在实践公益、推行公共关怀、传递公共理性的过程中，收获快乐、幸福和认可；同时，传递公共理性，感染更多学生加入志愿行列。2012年"志愿盟"建立初始，83名志愿者发起"志在康园"项目，帮助残障儿童实现梦想；12月，"志愿盟"376名志愿者投身从化平安志愿服务。2014年3月，653名志愿者加入"志愿盟"倡导的"为爱徒步，人人公益"行列；11月，1465名志愿者响应号召"携手南苑，迈进零艾滋"，共抗艾滋，共担责任，共享未来；12月"志愿盟"环保项目启动，以按箱子标识分类投放快递盒、饮料瓶、旧书籍等方式宣扬"环保理念，从我做起"，得到了广大学生的拥护和响应，学生自发地积极担任"环保志愿大使"，开启全院环保新局面。

五、项目特色

"志愿盟"秉承"公共关怀"理念，以体系化、深度化、品牌化传递公共理性、培养志愿精神、实现育人功能。

（一）发挥第二课堂能动性，成就公益育人体系化

"志愿盟"帮助学生形象生动地了解了公共治理、NGO组织学等理论知识，实现第二课堂与第一课堂的完美衔接。作为第二课堂，"志愿盟"发挥能动性，将"公益理念传递"、"志愿精神培养"、"公益实践培训"形成完整的公益指导体系，以公益文化建设为途径融入全院学生的德育过程中，帮助学生成就爱、奉献、感恩的良性循环，实现公共关怀。同时，以志愿服务成果回馈社会，形成良好的社会影响，优化大学生的社会成长环境。

（二）借助实践反推科研，成就公益育人深度化

学生在公共意识提升的道路上，在志愿者孵化的进程中，在公益精神推广的过程里，借助志愿实践优势，寻找科研契机，开展公益课题研究。2013年7月，由"志愿盟"成员通过志愿服务获得一手资料，申报并完成的项目《毕业生发展前景规划暨公共关怀志愿者服务队进农村小学12355心理咨询服务活

动》荣获"广东大学生 12355 心理活动周'重点一类项目'"称号。理论指导实践，再以实践反推科研，提升学生综合能力，成就公益育人深度化。

（三）实现常态运作模式，成就公益育人品牌化

"志愿盟"与其他志愿组织紧密合作，依托他方经验指导，实现自身常态化运作。"志愿盟"在培养志愿者的同时承接公益项目，推进公益研究，开展公益活动，使学生从理性认知、感性认同和实践养成三个层面实践公益志愿，推行公共关怀。志愿者在"志愿盟"取得进步、收获成就感时，将影响并带动更多学生散发公益热情。学生内化"志愿盟"品牌理念，释放公益能量，传递公共精神，成就公益育人品牌化。

"志愿盟"正积极地将爱、奉献、感恩传送至社会各个角落，为社会带来爱的正能量，具有较强的推广价值和示范意义。与此同时，南方电视台、都市频道、从化电视台等多家媒体也对其进行了报道，产生了积极的公众影响，获得了社会的广泛认可及好评。我们有理由相信，公益志愿这颗"萌芽"将会在中山大学南方学院这片沃土长大成才，最终携公益理念，将公共关怀传递到世界的每一个角落。

作者：刘婷
单位：中山大学南方学院公共管理学系

平安使者

广州大学华软软件学院(以下简称"我院")地处从化市太平镇,为5区县交界处,周边人员混杂。学院与校外商业街之间隔着一条105国道,全院1万多名师生经常穿过国道到对面就餐、购物。由于校门路段四通八达,周边"两抢"案件时有发生,针对大学生的犯罪行为日益增加,严重威胁在校师生的生命和财产安全,辖区公安机关面临打击犯罪和社会舆论的双重压力。与此同时,我院为了落实中共中央、国务院《关于进一步加强和改进大学生思想政治教育的意见》中关于开展社会实践的精神,在努力寻找拓宽全院学生的思想政治教育实践渠道,广州大学华软软件学院平安志愿者服务队(以下简称"平安使者")正是在这样的形势下应运而生的。"平安使者"的出现,一方面缓解了公安机关的压力,另一方面拓宽了我院学生参与社会实践的渠道。经过一段时间的验证,我院与从化市公安局联合试点推广"平安使者"活动,充分发挥学生参与社会管理建设、学校安全和社会治安防范的积极性和主动性,在全院营造人人关心平安创建、人人参与平安创建的良好氛围。

一、项目理念

"平安使者"项目是指平安志愿者自愿、无偿地服务于平安公共体系建设,其出发点是为加强和改进我院学生思想政治教育工作,使之成为拓宽学生思想政治教育的有效途径。其宗旨是让学生在实践中"提升自我,服务校园,服务社会",是学生进行自我教育、自我管理、自我服务的新模式,既培养了学生的社会责任感,又可通过让学生参与校园治安管理,增强学生的主人翁意识。

二、项目运作

(一)项目主体

学院平安志愿者。

(二)项目对象

广州大学华软软件学院全体师生及周边社区的群众。

（三）项目时空

开展时间：每年除开学及 11 月份安全消防月固定开展活动外，其余视情况不定期地开展活动。

开展地点：学院及周边经济技术开发区企业、从化市汽车客运站等。

（四）项目程序

1. 前期筹建阶段

考虑到我院及周边的治安情况，我院于 2011 年提出了创建"平安使者"的计划，这一提议得到从化市公安局的积极响应。这是一件双赢的事情，双方经过沟通，很快就达成了共识，由从化市公安局统筹领导，辖区派出所协助指导，我院负责具体实施。

在筹备阶段，最重要的是队伍的组建，我院通过微博及校园定点设置摊位招募的方式，组建了一支以学生党员干部、院系学生干部为骨干，以有志于平安公益志愿服务的普通同学为重要补充的志愿者服务队，共 20 余人（目前已发展到 50 余人），这支队伍的成立标志着广州市第一支平安志愿者服务队正式成立。

经过前期的精心筹备，平安志愿者启动仪式于 2011 年 12 月举行。启动仪式备受领导重视，出席启动仪式的领导有从化市副市长、市公安局党委书记、局长刘岗，院长何大进，党委书记徐元平，以及市委政法委、共青团从化市委员会、教育局、市社工委及各高校的主要负责人。启动仪式结束后，平安志愿者走进了从化市公安局 110 指挥大厅，民警为他们讲解了公安机关接警、出警流程，志愿者一行还来到从化市特警训练基地参观各式枪支等特警装备。

2. 正式实施阶段

（1）开展新生安全教育。每年新生入学报到期间，我院平安志愿者都会在迎新现场、宿舍等区域派发宣传单，系统介绍盗窃、诈骗、人身侵害等各类案件知识，以及基本的预防知识、手段和应对措施；协助学生处、保卫处开展新生消防疏散演练，向新生讲解消防器材的使用技巧；邀请从化市公安局民警为新生开展安全知识讲座。通过一个个生动的案例，向新生讲解了校园安全事故特点及预防措施，重点就新生入学如何预防诈骗展开分析，提高新生的安全防范意识。

（2）开展交通安全劝导。每周五或节假日前夕，是我院师生外出的高峰期，师生须穿过 105 国道乘坐班车，而 105 国道车流量大、车速快，经常出现人车抢道现象，险象环生，且存在不少交通安全隐患。为此，我院平安志愿者在校门口开展"交通安全指引活动",通过举牌、现场劝导的形式,引导师生走斑马线、在公交车站牌区域内候车,并提醒行经车辆礼让行人,为师生出行保驾护航。

(3)开展消防安全宣传。结合119消防日,我院将每年的11月定为"校园安全宣传月"。期间,我院平安志愿者都会在综合楼、学生宿舍区、喷泉广场等地开展系列活动。例如,举办消防知识宣传图片展,提供消防器材体验,派发"防火、防诈骗、防偷盗"宣传单,协助学生处、保卫处开展学生公寓安全大检查,排查宿舍区存在的安全隐患,收缴违规电器,邀请消防中队领导为我院师生开展安全知识讲座,提高师生的防火、防盗等安全防范意识。

(4)协助开展其他活动。协助开发区派出所举办"平安进校园安全防范宣传周"主题宣传活动,活动通过派发安全知识宣传单、摆放宣传画板等形式对同学进行安全意识教育。协助从化市平安办组织开展的"平安广州、平安从化、平安街口"宣传日活动,"平安使者"在现场向广大市民派发《创建平安从化,护航幸福生活》公开信,受到从化市领导和广大市民的赞扬。此外,我院平安志愿者服务队不定期地开展平安创建系列社会实践活动,例如,前往从化市汽车站开展安全教育与秩序引导,与辖区民警前往企业开展安全防范宣传与走访,等等。

3. 拓展完善阶段

(1)定期参加培训学习。为不断提高我院平安志愿者的业务技能,我院定期组织平安志愿者服务队到各消防中队、派出所开展学习交流。通过亲身体验,学习灭火器和破拆器材的使用技巧,掌握逃生技能和突发状况应急处理方法。

(2)自主研发信息系统。为了给平安志愿者提供一个相互了解和学习交流的平台,提高他们参与志愿活动的热情,我院平安志愿者骨干自行开发了"广州大学华软软件学院平安志愿者服务队信息管理系统",初步实现了活动内容展示、个人信息录入、志愿服务时登记、提交志愿服务心得等功能,后期将设立志愿服务认领、志愿论坛等功能。

(3)加强与各单位的沟通。我院组织召开"平安校园工作"联席座谈会,邀请从化市公安局、开发区和太平镇派出所等领导共商校园及周边安全事宜。联席座谈会加强学院与属地相关职能部门业务交流和工作对接,提高解决涉校类安全问题的处理效率,推进平安志愿者服务队建设,为在校师生营造一个平安和谐的学习、工作和生活环境,确保平安创建工作取得实效。

（五）项目支持

1. 学院领导高度重视

"平安使者"项目之所以能够在短期内成立，并发挥重大作用，离不开学院领导的重视和支持。学院院长、学院党委书记等学院高层领导高度重视平安志愿者筹建工作，在资金、设备、场地、后勤保障等各方面都予以大力支持。在学院室内活动场所非常紧缺的情况下，专门为平安志愿者腾出办公室以便开展活动；拨出专项经费支持"平安使者"开展活动，斥资数万元购买电动巡逻车，用于校园安全巡逻。

2. 职能部门大力配合

在项目开展初期，学生处、学院团委通过其官方微博、广播台等方式为平安志愿者做了大量的宣传工作，为平安志愿者起步助力，在宣传、物资借用、人员调配、业务培训等方面也给予了最大力度的支持。为提高学生参与平安志愿者的积极性，学生处在对学生进行综合测评时，认可平安志愿者参加的活动并作为社会实践能力加分项目，教务处专门制定了《思想政治理论课实践教学课程化实施办法》，平安志愿者参与的活动可折算成一定的学分。

3. 公安部门鼎力支持

我院与从化市公安局达成联合建立"平安使者"的共识后，从化市公安局指挥中心、开发区派出所等领导多次到我院进行商谈，并建立了联席工作会议机制。从化市副市长、市公安局局长刘岗专门到我院调研，就平安志愿者服务队的建立和运作提出了许多宝贵的意见和建议。辖区派出所还对我院平安志愿者在安全防范方面的培训给予支持。

（六）项目方法

1. 完整的组织架构

"平安使者"由学院党委书记担任总负责人，全面统筹项目开展；学生处、保卫处、团委、各系辅导员等全力支持项目运作；辖区派出所为平安志愿者提供技术指导和支持，学院专门为"平安使者"指派指导老师，自上而下地形成一套完整的组织架构，保障该项目的顺利开展。

2. 科学的激励机制

为保障"平安使者"活动的正常开展，我院制定了"志愿时"制度。平安志愿者通过一定的服务时间、服务质量、获奖情况等评定出考核结果，考核结果作为参评学院"优秀志愿者"、"优秀共青团员"，以及从化市公安局"平安使者"等评优评先的重要参考依据，极大地激发了广大学生的参与热情。

3. 健全的规章制度

为保障项目的顺利开展，结合项目开展的实际情况，我院制定《广州大学华软软件学院平安学生志愿者队伍章程》、《广州大学华软软件学院平安志愿者实施方案》及《思想政治理论课实践教学课程化实施办法》等规章制度，这些制度对于队伍的建设、活动的实施过程及活动的激励保障做了详细的规定。

4. 多元的师资队伍

建立健全完善培训机制，实现师资多元化。一方面，依托我院现有教育资源，以学生处、团委、心理咨询中心和辅导员为师资骨干，开展通用志愿者培训；另一方面，辖区派出所则围绕消防、治安防范、治安信息收集、处置应急突发事件知识等，对平安志愿者进行培训，让他们充分了解平安志愿者的任务和责任，并注意自身的人身安全。

三、项目效果

（一）平安校园人人共建，校园平安人人共享

自"平安使者"项目实施以来，配合学院和公安部门开展了大量的工作。2011年1—9月份，我院及周边地区发生"两抢"案件18宗、盗窃与诈骗案件25宗，严重危害学生们的生命财产安全。2011年10月，"平安使者"试运行后，配合警方开展巡逻防控、安全提醒、防范宣传等工作，收到了良好的成效。半年来，"双抢"案件较往年同期下降了83%，效果十分明显，我院师生的安全感和幸福感明显提升。

（二）社会实践增长才干，创建平安砥砺品质

"平安使者"搭建了一个全新的社会实践平台，他们在这个平台上通过多种方式维护了校园及校园周边的安全。在这个过程中，大学生由客体变为主体，教育过程由单向变为双向，不仅帮助大学生认清社会发展过程中的一些困惑，一定程度上弥合了学校与社会现实之间的差距，还让我院学生认识到自己在社会中应尽的责任，培养了他们的社会责任感，增强了他们的主人翁意识。

（三）警民携手共建平安，兄弟高校争相效仿

"平安使者"作为广州第一支以高校学生为主体、配合公安机关维护校园治安及稳定的群众性社团组织，从成立到现在，取得了不错的成效。案例经过广东电视台、《羊城晚报》等媒体广泛报道后，广州城建学院、华农珠江学院

等从化九大高校纷纷效仿我院成立平安志愿者队伍。从化市公安局还牵头成立"从化市平安志愿者高校联合会",以进一步整合资源、携手共建,推动平安志愿服务的深入开展。

四、项目特色

(一)创新高校思想政治教育新形式

"平安使者"作为我院与公安部门携手共建的一个校园平安志愿服务平台,是响应广东省教育厅创建"平安高校"建设活动的一次全新尝试,对提高师生安全防范意识发挥了很好的作用。通过这个平台,我院以"平安志愿者"为载体,积极发动大学生参与维护安全稳定的志愿服务活动,在实践中提升了学生的素质和思想政治觉悟。

(二)探索社会实践生命教育新途径

生命与社会实践之间存在着天然的联系,生命是社会实践之源,社会实践是生命的表现形式之一,是一个很好的彰显生命、感受生命的活动。而以治安工作结合的实践活动,更能发挥生命教育的积极作用。平安志愿者配合公安部门深入新生班级开展安全知识教育,在校内外开展交通安全劝导,通过社区民警联系企业、社区的方式开展志愿工作,协助公安机关对社区矫正对象实施日常监督管理和教育矫正。这些都与人身安全息息相关,学生从中更能懂得去敬畏生命、珍惜生命。

(三)激发学生参与志愿活动新动力

治安工作主要由公安部门负责,历来安全维稳工作对于普通群众而言都有神秘感,"平安使者"项目提供了揭开其神秘性的平台。因公安部门的大力支持,在相关业务大队设立了平安志愿服务项目和体验岗位,如参与协助高峰时期主要路段及重大节假日各旅游点的交通疏导、在汽车站开展文明排队示范点活动。表现优秀者甚至可以体验特警日常训练,如单警装备使用、防爆队形、彩弹射击等,这在很大程度上激发了平安志愿者的积极性。

作者:林燕波
单位:广州大学华软软件学院

参考文献

[1] 胡蓉. 我国志愿者的激励机制探讨 [J]. 成都教育学院学报，2006（1）.

[2] 王为正. 关于大学生志愿者服务活动长效机制建设的思考 [J]. 思想政治工作研究，2011（2）.

逐梦千乡万村

如何充分发挥环保专业的特色与优势，服务社会，是广东环境保护工程职业学院（以下简称"我院"）当前遇到的现实性问题。2011年开始，我院紧紧围绕"生态文明建设"和"人与自然和谐发展"主题开展"环保逐梦千乡万村"系列活动，突出科普重点，积极践行志愿精神，传播环保理念，积极组织大学生环保志愿者利用寒暑假深入农村，传播国家有关农村环境保护的科普知识和政策法规，提高农民群众的环保意识，为建设美丽乡村贡献力量。"逐梦千乡万村"系列活动同时得到广东省环境科学学会和省科学技术协会的大力支持和指导，活动实施三年来，内容丰富、形式多样，开展深入、覆盖面广，充分发挥了我院环保学子优势，引导农民形成科学、文明、环保、健康的生产生活方式，既热心服务了省环保厅扶贫工作，又践行了省环境科学学会千乡万村科普行动精神和省科学技术协会千乡万村科普惠民行动精神，赢得了当地干部和群众的肯定和赞扬，为建设美丽乡村、社会主义新农村贡献了绵薄之力。志愿者在活动中也得到了身心锻炼，体现了自身的价值，增强了对社会主义核心价值观的认识，自觉为建设美丽中国、实现中国梦而努力学习和实践。

一、项目名称

逐梦千乡万村。

二、项目理念

作为培养未来环保、节能高技能型人才的摇篮，我院始终把"技术服务社会，实践融入教学"的理念作为办学特色。逐梦行动确立了"立足专业特色、深入千乡万村、普及环保知识、推进新农村建设"的工作理念，将环保科普与农村生态环境建设相结合，引导青年学生在社会实践中深化对中华环保梦的理解认识，开展形式多样、主题鲜明、内容丰富的社会实践服务活动。

三、项目运作

（一）项目主体

广东环境保护工程职业学院。

（二）项目对象

大一、大二学生。

（三）项目时空

"逐梦千乡万村"系列志愿活动自 2011 年启动，至今已有三年，活动范围在广东省揭阳、梅州、茂名等地。

（四）项目内容

1. 发动与组织

（1）招募志愿者。每年 5 月份，面向全院招募志愿者，根据学生申请、组织选拔，结合学生的专业背景和个人特长组建大学生志愿者农村环保志愿者团队，确保千乡万村环保志愿者行动的顺利开展。

（2）确定宣传路线和宣传点。活动开始前，志愿者团队做好充分的准备工作，对活动地点、活动内容、活动方式等方面进行精心策划。选择典型村落，根据农村的环境状况和当地留守儿童、妇女、老人和"空心村"等实际情况，选定实践地点，制定相应的社会实践活动实施方案，确定相关专业的指导老师，为活动的顺利开展做好充足准备。

2. 活动筹备

（1）启动仪式。每年 6 月份开展启动仪式。

（2）组织部分志愿者踩点。踩点工作包括：①与当地的有关人士做好接洽工作；②了解前往当地的具体路线，考察当地的地形，确定场地以便摆放展板等物品；③了解当地风土人情，做到知己知彼。

（3）志愿者培训。为提高志愿者素质，提高科普质量，我院邀请环保专家、优秀指导教师专门举办以"农村环保知识的普及"和"如何进行科普知识下乡"为主题的针对环保科普调研的培训活动，并邀请往年优秀志愿者进行经验交流，让志愿者掌握科普工作的一些技巧和方法，提高宣传的效果和效率。志愿者培训内容主要包括农村典型环境问题、农药使用问题、垃圾分类问题、农业废弃物资源化综合利用问题、饮用水水质问题，以及科普过程中可能遇到的安全问题，等等。

3. 活动开展

环保志愿团队一般在暑假开始后下乡，为期一至两周，主要活动内容有以下几种：

（1）农村环保现状调研。围绕农药使用与安全生产、农村环境污染与解决方案等农业环保热点问题设计问卷,开展环保现状调研,每支小分队提交一份与农村环境和人体健康相关的调研报告。2014年的调研报告情况如图1、表1所示。

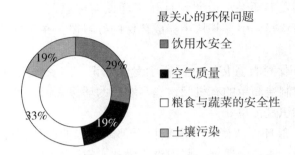

图1　环保意识与行为比例

表1　2014年部分调研统计结果

项　　目	人　数	百分比（％）
知道"白色垃圾"的定义	41	38
知道"垃圾分类"的类别	13	12
认为燃烧秸秆有害	49	45
认为农药、化肥等可造成环境污染	82	76
非常担心使用农药导致的农药残留危害健康	50	46
主动制止污染环境的行为	37	34.4
农作物秸秆再利用	75	69.3
喷洒农药后农药瓶集中处理	12	11
废旧电池与药品等待上门回收	2	2.16
使用自备购物袋或菜篮子购物	23	21.1

（2）环保知识展览。通过在人流量比较大的地方,如村集市、村文化楼、村委会、村小学展示环保知识展板,为乡亲们讲解环保科普知识,展板内容主要包括环境污染的危害、环保知识的使用、环保警示标志等,旨在提高村民保护环境、维护健康的意识,号召大家从身边做起,加入到环保的行列中来。

（3）环保科普入家门。志愿者2～3人一组,在当地人口流量大或人口密集区进行流动宣传,以张贴海报、发放传单、现场讲解等形式为主。例如,前往村委会与村中的公共活动场所张贴农村环境保护挂图,将宣传材料发放到村民手中;上门为村民送去安全生产相关资料和环保科普资料,为村民讲解安全生产知识、家庭环保知识、废旧物品再利用的窍门；与村民开展座谈，了解农村环保和安全生产生活的现实情况；等等。

（4）环保科普小讲堂。通过当地村委会联系当地小学和幼儿园，为小学生和幼儿园小朋友上环保常识课，召开"环保与健康"主题班会，举办环保知识和健康常识竞赛，引导其从小养成环保的好习惯，并在日常生活中关注自己及身边人的健康。

（5）农技环保科普宣传。利用所学专业知识，与农民探讨如何利用家畜粪便和秸秆发酵制造简单的有机肥，提高农民的环保意识；发放科学施肥和施用农药的科普知识宣传单。

（6）农村干部环保座谈。大多数村干部缺乏专业的环保知识，以至于在开展环保工作时，往往会遇到一些困难。为此，志愿者团队专门邀请村干部召开环保科普专题座谈会，共同讨论如何解决实际工作中存在的问题，从而进一步加强了村干部对农村环保问题的重视，也进一步提升了村干部开展环保工作的能力和水平。

（7）发展当地环保科普队伍。由各志愿者团队自行组织，联系当地的村委会或者学校，在当地发展建立3支环保科普员队伍，返校后与他们建立持久性的沟通联络机制，定期向他们寄发环保资料，指导他们在当地开展环保活动，使环保科普活动在当地进一步延续。

（8）关爱老人，资助教育。在领导和老师们的介绍指导下，科普志愿者服务团队积极与企业联系，最终牵桥搭线成功。2014年，深圳市尚德尔科技有限公司和广州市思高特环保设备有限公司为金光小学捐赠了100套课桌椅和500册儿童读物。

通过扶贫干部和当地村委会干部的帮助，科普志愿者服务队来到孤寡老人家和贫困家庭，送去米、油等慰问物品。在慰问孤寡老人的过程中，志愿者深入了解老人生活、身体情况，并耐心询问当前农业生产中遇到的难题，做好详细的记录。有的成员还直接下到田间地头，帮助缺乏劳动力的家庭收割水稻、收摘花生，把关怀真真切切地送到村民的心中。

4. 活动总结与宣传

（1）活动总结。活动后期，志愿者团队提交完整全面的实践成果，包括实践精选照片、回收的调查问卷以及实践总结。此外，我院还举办活动心得交流会，结合下乡情况，各成员广泛交流下乡成果，提出活动进程中遇到的困难及处理方法，为以后的工作开展提供经验。

（2）活动宣传。积极联系当地电视台、杂志等新闻媒体，对活动进行深入采访报道，为活动营造良好的舆论氛围。活动也在省环保厅、省环境科学学会、广东环境保护工程职业学院等官方网站上进行宣传报道；同时，鼓励大学生志愿者通过个人微博、微信反映活动情况。

（五）项目支持

我院对"逐梦千乡万村"活动坚持科学领导、健全机制，把活动落到实处，有针对性地进行安排部署，有计划、有特色、有重点地开展活动。我院积极与环保厅宣教中心、省环境科学会、省科学技术协会开展深度合作，得到他们的大力支持。

（六）项目方法

1. 问卷调查法

我院进行了环保现状调研，就农药使用与安全生产、农村环境污染与解决方案等问题展开调查，了解农村环保的现状。

2. 新媒体宣传法

在"三下乡"的过程中，利用微信、微博与当地懂得互联网技术的村民互动，进行环保科普宣传；同时利用微信、微博发布即时消息，宣传活动开展情况，让更多的人了解"逐梦千乡万村"系列活动。

四、项目效果

（一）广泛传播环保知识，创造良好社会效应

"逐梦千乡万村"活动填补了广东省许多乡村从未接受过环保科普的空白，逐步改变农村环保教育资源匮乏的状况，缩小了农村与城市环保科普教育的差距。帮助农村居民了解农村环境存在的问题、发展趋势及其危害，积极引导广大农民群众自觉培养健康文明的生产、生活、消费方式，培养良好的生活习惯。动员广大农民自觉参与环境保护，从自身做起，自觉地维护、建设良好的农村环境。

此外，我们的志愿者队伍积极为实践服务地的贫困小学牵线搭桥，寻找社会热心人士或企业，给贫困小学捐赠图书和课桌椅等物资。

活动期间，我院社会实践服务队均表现出了良好的精神风貌，展现了优良的思想品德和出色的社会实践能力，与当地群众建立深厚的情谊，赢得了所在地领导和群众的交口称赞，取得了良好的社会效应。

（二）建立社会实践基地，树立校园文化品牌

活动当地电视台、省环保厅环保公众网等新闻媒介不同程度地对"逐梦千乡万村"活动进行了相应的宣传报道。我院确定了揭阳市揭西县金和镇金光村等14个自然村为社会实践基地，并给予挂牌，精心打造活动示范基地，扎实推进"逐梦千乡万村"活动。

（三）提高学生综合素质，增强实践育人效果

"逐梦千乡万村"活动在为各乡镇农村带去环保科普的同时，更为我院学生提供了一个展示自我、凝练环保精神、锻炼实践能力的平台。"逐梦千乡万村"系列活动有效地促使大学生走出象牙塔，深入基层、深入群众、深入实际，融入生态文明建设，贴近民情，真切感受到新农村的快速发展；丰富了大学生农村社会实践的内容，使他们坚定自身的环保信念、提高自身的环保素质，在组织能力、沟通协调能力等方面得到了充分锻炼与提高。

五、项目特色

（一）立足学院特色，发挥专业优势

"逐梦千乡万村"志愿服务队充分发挥专业优势，努力将课堂所学到的环保知识传遍千乡万村，对农村环境中存在的问题给予建议和指导，普及农村环保科技知识，提高广大农民的环保意识，促进了农村环境污染现状的改善，为美丽乡村贡献自己的绵薄之力。

（二）创新内容形式，注重长效机制

环保志愿者行动进程中坚持两点不放松：一是短期服务多形式，二是长效机制贯始终。在调研基础上，根据学生所学专业、兴趣爱好等，有针对性地组建、派出科普团队，实现了精准对接；在活动组织实施中，注重因地制宜、因人而异，开拓思路、创新方式，开展了必要的思想作风和服务技能培训，提高了环保志愿科普团的服务水平，确保了活动开展的成效。

（三）深入村民生活，提高科普效率

志愿者团队分小组深入农户家庭及田间地头，向当地农民调研宣传农药使用情况和农村垃圾分类处理情况。在进村入户调研过程中，充分发挥宣传主动性，积极热情地邀请当地回家过暑假的大学生加入科普团队，为团队提供更加

详尽的信息以及充当向导。当地大学生的加入使团队的工作开展更加便利快捷，大大提高了工作效率和宣传效果。

志愿者团队每天下午5点后前往当地各个村委会的文化广场等人流量大的场所，带领当地村民唱着流行"神曲"《小苹果》，一起跳广场舞，跟村民打成一片，融入他们的生活。团队队员借此良机向当地村民分发环保宣传资料，通过张贴宣传海报、悬挂宣传横幅等形式，呼吁村民节能减排，减少白色污染。

（四）环保自幼做起，娃娃影响家庭

2014年，我院志愿者团队以金光小学为基地，组织该校小学生开展环保科普知识小讲堂8场和环保科普知识竞赛2场，参与小学生达500多人次。值得一提的是，志愿者们充分发挥主观能动性，在鲤湖镇的文具商店拉到一批赞助物资，用于环保科普知识竞赛的奖品，大大增强了小学生的参与热情。针对当地的实际情况，队员们认真准备，通过采用孩子们喜闻乐见的形式，深入浅出地介绍环保常识。志愿队还走访了6所幼儿园，开展了12场体验式环保科普知识小讲堂，一改以往海报、宣传单等单调的宣传载体，把印有环保知识的贴纸、漫画册、扑克牌等分发给孩子们，并通过图画、儿歌、游戏等方式让孩子们在欢声笑语中直观地明白在日常生活中应该如何保护环境，做到环保意识培养从娃娃抓起，并通过孩子影响整个家庭。

六、下一步工作计划和改进措施

（一）加强环保志愿服务的专业性和全面性

我院社会实践服务队将继续坚持立足环保专业优势，努力将课堂所学的环保知识、专业技能服务于农村环境治理实践。

环保志愿服务要想取得好的效果，需要用心构建一支优秀的环保志愿团队。我院需要在之前的经验基础上，继续做好选拔、培训及指导工作，进一步培养志愿团队的工作作风和心态；进一步提高环保志愿服务的技能，例如，在农村遇到具体的环境问题，如何给予村民建议和处理方法；进一步发挥团队的整体合力，充分挖掘队员的力量。

（二）提高环保志愿服务的针对性和实效性

在过去的环保志愿服务中，我院志愿团队采用与村干部座谈，农村环保现状调研，环保科普入校、入村等形式，活动取得了不错的效果。我院下一步的计划是提高环保志愿服务的针对性和实效性，真正为千乡万村的农村环保事业作出应有的贡献。我们将通过前期的积累，掌握目前农村真正需要的环保志愿服务，并通过进一步的问卷调查了解农村的环保志愿科普需求，要做到站在千乡万村的角度去实施环保志愿服务。

（三）扩大环保志愿服务的广度和深度

今后，我院团委将更为积极地与环保厅宣教中心、省环境科学会展开深度合作，进一步扩大环保志愿服务的广度和深度。目前的志愿服务范围多在粤东一带的乡村，较少在粤西、粤北开展活动，我院计划在未来三至五年继续扩大粤西、粤北的环保志愿者行动规模和范围，为建设美丽乡村作出更大的贡献。

另外，在之前提供的环保志愿服务的基础上，进一步扩大服务的深度，我们的目标不仅是提供环保科普宣传，而是希望乡村整体面貌的变化，改变的不仅是农村环保事业，更是村民整体素质的提升。

作者：邱扬竣、黄兰、马浩鑫、刘婷
单位：广东环境保护工程职业学院

后 记

时值初夏,我们又迎来一个收获的季节——《岭南高校学生事务管理精品项目》与大家见面了。

2014年广东省高校精品项目评选活动得到了省内一百多所高校的参与和大力支持。各高校立足各自特点及实际情况,结合多年积累的工作经验,继承与创新并重,打造出许多学生喜闻乐见的育人精品项目。为充分发挥这些项目的引导示范作用,广东省高校学生工作专业委员会组织专家,在严格评审的基础上,精选出21项精品项目汇编入《岭南高校学生事务管理精品项目》。全书由漆小萍整体策划及审定,黄娜具体统稿。

本书充分借鉴了前两届精品项目选材经验,所选项目更为精炼,努力从服务学生成长成才、科技创新、素质教育、资助管理、创新创业、学业辅导、心理辅导、励志教育、典型培育、团队建设等多个方面,为读者展示各高校育人精品项目的精华,与大家分享其先进的理念和成熟的做法。各位执笔、编写人员为本书的付梓付出了辛勤的努力,写作过程中,各位作者充分吸取前辈们的宝贵意见,借鉴和引用了不少专家、学者的研究成果。编写过程中,本书更得到许多专家、学者的指导和各高校学生工作者的大力支持,在此一并表示衷心的感谢!

同时,由于水平和经验有限,本书不足和错讹之处在所难免,诚请各位领导、专家和广大读者批评指正。